La pérdida de la ambigüedad

Thomas Bauer

La pérdida de la ambigüedad

Sobre la univocación del mundo

Traducción de
Alejandro del Río Herrmann

Herder

Título original: Die Vereindeutigung der Welt. Über den Verlust
an Mehrdeutigkeit und Vielfalt
Traducción: Alejandro del Río Herrmann
Diseño de la cubierta: Toni Cabré

© 2018, Philipp Reclam Jun. Verlag GmbH, Ditzingen
© 2022, Herder Editorial, S.L., Barcelona

ISBN: 978-84-254-4808-9

Imprenta: Qpprint
Depósito legal: B-8.118-2022

Impreso en España - Printed in Spain

Herder
www.herdereditorial.com

ÍNDICE

I. «TODO ES MULTICOLOR»: ¿UNA ERA DE LA DIVERSIDAD?

En 1978 decía Nina Hagen en su canción punk «Clavada al televisor»: «Clavada sin solución, / Imposible una decisión, / Todo es multicolor, / Clavada al televisor».

¿Qué decir hoy, cuando casi cualquiera puede sintonizar cientos de programas, para no hablar de la diversidad de los nuevos medios de comunicación? Pero no solo la oferta de medios se ha diversificado. También se han diversificado las propuestas de identidad, las series de crimen y misterio, las pastas de dientes o las chocolatinas. Ciertamente, no es sorprendente que en una sociedad de consumo capitalista la oferta de mercancías se diversifique y, con ella, también las identificaciones destinadas a todas las personas llamadas a comprar estas mercancías. Pero ¿vivimos por eso realmente en una era de la diversidad?

En Alemania, la población de aves se ha reducido desde 1800 hasta hoy en un ochenta por ciento. Peor suerte que las aves han corrido los insectos. Así, por ejemplo, según la Asociación Entomológica Krefeld, la biomasa de insectos «ha decrecido hasta un ochenta por ciento» en veinticinco años. De este modo, los insectos, con un decrecimiento poblacional de en torno al ochenta por ciento en veinticinco años, han «superado con creces a las aves con su descenso del ochenta por ciento en doscientos años». ¿Y las plantas? Según las listas de la International Union for Conservation of Nature, «aproximadamente un setenta por ciento de todas las plantas pueden considerarse en peligro», y el número de especies amenazadas «en el nuevo milenio ha aumentado por encima de un cincuenta por ciento. Por esta razón, hay biólogos que temen que hasta aproximadamente 2030 una de cada cinco especies conocidas pueda desaparecer, y hasta 2050, incluso una de cada tres». En palabras del ornitólogo Peter Berthold, esto sería obra del *homo horribilis*, que entretanto ha evolucionado a *homo suicidalis*, porque ni él mismo podría sobrevivir a la extinción de especies que ha desencadenado.[1]

En la naturaleza, por tanto, la diversidad disminuye en una amplitud y a una velocidad desconocidas hasta ahora. Pero ¿qué hay de la cultura? Empecemos por lo que los hombres han hecho de la naturaleza mediante el cultivo y la cría. No solo hay «listas rojas» para animales salvajes, también las hay para razas de animales domésticos, cada una con propiedades que la hacen especialmente idónea para condiciones medioambientales y planes de aprovechamiento determinados. La extinción de antiguas razas de animales

---

1 Cf. P. Berthold, *Unsere Vögel. Warum wir sie brauchen und wie wir sie schützen können*, Berlín, Ullstein, 2017, pp. 83, 91, 92.

domésticos no es tan solo una pérdida estética, pues ha de conducir a la pérdida de un valioso material genético que podría resultar necesario para la supervivencia con vistas a la futura cría de animales. Organizaciones como la «Sociedad para la conservación de razas animales domésticas antiguas y amenazadas» trabajan por su conservación y elaboran sus propias listas rojas.[2]

En el caso de las plantas útiles, el balance no es más positivo. Es cierto que existen hoy día más clases de muesli y de patatas chips que nunca. No obstante, lo que se nos ofrece cada vez más es una papilla uniforme, como afirma la periodista Silvia Liebrich: «Antaño existían treinta mil clases de maíz repartidas por todo el mundo, pero solo un par de docenas son cultivadas a gran escala, predominando las plantas modificadas por ingeniería genética».[3] En el caso de los plátanos, solo hay ya una única especie en todo el planeta. De los veinte mil tipos de manzanas existentes en su día, a los clientes se les ofrecen hoy, a lo sumo, solo seis clases. Si asumimos que, según el *Living Planet Index* del Fondo Mundial para la Naturaleza (WWF), solo entre 1970 y 2005 la diversidad biológica de nuestro planeta ha decrecido en un vientisiete por ciento, ¡difícilmente puede nuestra época ser un tiempo de la diversidad!

Y si no en la naturaleza, ¿existe hoy al menos entre los seres humanos mayor diversidad?

2   Gesellschaft zur Erhaltung alter und gefährdeter Haustierrassen, *Rote Liste der bedrohten Nutztierrassen in Deutschland 2016*. http://www.g-e-h.de/images/stories/news/pdf/roteliste.pdf.
3   S. Liebrich, «Rettet die Vielfalt!», *Süddeutsche Zeitung*, 10/11 de septiembre de 2016, p. 26.

También aquí las noticias son desalentadoras. Por lo pronto, la variedad de lenguas es cada vez menor. La «Sociedad para las lenguas en peligro de extinción» constata que casi un tercio de las aproximadamente 6 500 lenguas habladas en el mundo «desaparecerán en el curso de las próximas décadas».[4] Pero lenguas y dialectos, como afirma la «Sociedad para las lenguas en peligro de extinción», «no son únicamente rasgos de la cultura y del espíritu humanos, sino también los medios de sus hablantes para conocer el mundo y anudar lazos sociales. Representan un valor de por sí y deberían por ello —también como manifestaciones de la creatividad y de la diversidad del espíritu humano— ser conservadas y documentadas».

¿Y la cultura? La propia Nina Hagen dejaba constancia, en la canción citada al inicio, de que la multiplicación de los programas de televisión no ha de significar necesariamente un aumento de la diversidad de contenidos. Esto tampoco ha cambiado al centuplicarse los programas de televisión desde 1978. Muy al contrario, el admirable aumento de series policíacas y de tertulias ha relegado los programas culturales a unos pocos canales temáticos o al horario de medianoche.

¿Y la sociedad multicultural? Me parece que también aquí nos dejamos engañar por una diversidad aparente. Para empezar, recordemos que Europa fue, a lo largo de muchos siglos, una de las regiones más monoculturales del mundo. Europa se halla, como punta

4 Cf. Gesellschaft für bedrohte Sprachen (http://www.uni-koeln. de/gbs/).

del extremo occidental de Asia, relativamente aislada, y ya por ese solo motivo ha atraído menos migrantes que, por ejemplo, el Oriente Próximo. Después de todo, también la homogenización religiosa, consecuencia de la cristianización, ha conducido a que apenas exista otro lugar en el mundo donde haya imperado una uniformidad religiosa semejante a la europea. A los fieles de religiones no cristianas no les estaba permitido asentarse. Solo los judíos podían instalarse, pero con frecuencia eran tolerados solo de mala gana y a menudo perseguidos. Los «herejes», como los cátaros, fueron exterminados sin piedad, y con la presencia del islam en Europa se acabó enseguida, tan pronto como se estuvo militarmente en condiciones de hacerlo. Cuando, en el siglo XVI, comenzó a formarse algo así como una pluralidad cristiana, en la historia islámica estallaron guerras hasta entonces desconocidas, a pesar de todas las pasajeras oposiciones y animadversiones, como, por ejemplo, las que enfrentaban a suníes y chiíes. A inicios de la Modernidad, ningún continente era religiosa y culturalmente tan uniforme como Europa. Solo sobre este trasfondo se puede comprender por qué se empezó a creer que, con la llegada de inmigrantes («mano de obra huésped») a partir de la década de 1960, con sus hábitos alimentarios distintos y, en parte, incluso otra (pero tampoco tan distinta) religión, nuestras ciudades se habían transformado en ciudades multiculturales.

La verdadera multiculturalidad, en cambio, predominaba en los inicios de la Modernidad en las rutas comerciales que iban de África occidental, atravesando

Egipto, Oriente Próximo, Asia central y meridional, hasta China e Indonesia. En todas estas ciudades, de Marrakech, pasando por El Cairo, Tabriz, Bombay o Bujará, a Xi'an y Aceh, se levantaban casas de oración de muchas religiones distintas; hombres y mujeres vestían ropas de lo más variadas; en las calles se oían lenguas sin cuento, y todo esto les parecía a todos algo de lo más normal y evidente.

Incluso si hoy día también en Berlín y Londres hay personas que hablan hausa o suajili, los sijs llevan turbante y los restaurantes chinos sirven patas de pollo asadas, esta multiculturalidad no tiene parangón con la que existía en la antigua Ruta de la Seda o en el Imperio Otomano antes de la Primera Guerra Mundial. Porque esa vieja multiculturalidad no existe ya en ninguna parte. Stefan Zweig ya describió en 1925 esta mutación en un clarividente ensayo:

> Fortísima impresión espiritual de cada viaje en los últimos años [...]: un callado espanto ante el devenir monótono del mundo. Todo en las formas externas de vida se vuelve más igual, todo es nivelado conforme a un esquema cultural unitario. Los usos individuales de los pueblos pierden sus rasgos peculiares, los trajes se uniformizan, las costumbres se hacen internacionales. Cada vez más es como si los países fueran indistinguibles entre sí, como si los hombres desarrollaran su actividad y organizaran su vida según un esquema; cada vez más las ciudades se parecen externamente unas a otras. [...] Nunca fue tan rápido este desplome en la uniformidad de las formas externas de vida, nunca tan

caprichoso como en los últimos años. [...] Es probablemente el fenómeno más candente, el más decisivo de nuestro tiempo.[5]

Y ello tiene consecuencias, dice Zweig, a saber:

El cese de toda individualidad hasta en lo externo. No impunemente van todas las personas vestidas igual [...]: esta monotonía tiene que penetrar por necesidad hasta dentro. Los rostros se asemejan más unos a otros por una igual pasión, los cuerpos se asemejan más unos a otros por un igual deporte, los espíritus se asemejan más por iguales intereses. Inconscientemente surge una equivalencia de las almas, un alma de masa, por un impulso acrecentado a la uniformización; una atrofia nerviosa en favor de los músculos; un morirse lo individual en favor del tipo.[6]

Independientemente, pues, de adónde miremos, ya sea a la naturaleza, a los seres humanos o a su cultura, se observa por doquier la tendencia a una disminución de la variedad, a una reducción de la multiplicidad. Se puede nombrar toda una serie de causas de esto (interconectadas en gran parte), como la urbanización, la creciente movilidad, la globalización en general, los perjuicios del tráfico, la agricultura industrializada, el cambio climático, los monopolios de los grandes gru-

5 S. Zweig, «Die Monotonisierung der Welt», en *Zeiten und Schicksale. Aufsätze und Vorträge aus den Jahren 1902-1942*, Frankfurt del Meno, Fischer, 1990, p. 30.
6 *Ibid.*, p. 33.

pos de la industria alimentaria y, en términos generales, la economía capitalista. Pero todos estos factores no penden fatalmente sobre las personas. Tiene que haber, entonces, algo así como una disposición moderna a la destrucción de la diversidad. Los enconados debates en torno a la multiculturalidad lo muestran a las claras. Aunque en Alemania se trate, de todos modos, de un fenómeno rebajado por el proceso de igualación de la Modernidad globalizada, la multiculturalidad se ha convertido en uno de los temas más importantes del discurso político. Es evidente que captan mayor atención los debates absurdos sobre la cultura dominante que temas como la diversidad y la seguridad alimentarias, y una polémica sobre el hiyab causa excitación a muchas más personas que la pérdida de la fauna aviar o de insectos.

Por esta razón, en las páginas siguientes no se tratará tanto de trazar un mapa de la diversidad que nos rodea como de nuestra disposición o renuencia a tolerar la variedad en todas sus formas de aparición. Por una parte, nos ocuparemos de nuestro trato con la variedad externa, como la diversidad étnica o la variedad de proyectos de vida; por otra parte, de nuestro trato con las verdades polifacéticas de un mundo no unívoco. Pues eso precisamente es nuestro mundo: algo no unívoco. Las personas estamos constantemente expuestas a impresiones que admiten diferentes interpretaciones, son de apariencia confusa, no dan un sentido inequívoco, parecen contradecirse, provocan sentimientos encontrados o parecen sugerir acciones contrarias. En suma, que el mundo está lleno de ambigüedad.

2. EN BUSCA DE UNIVOCIDAD

El concepto de ambigüedad es menos usual en alemán que sus equivalentes en inglés, francés o español, pues *ambiguity*, *ambiguité* o «ambigüedad» son palabras que pertenecen al lenguaje cotidiano. Sin embargo, el término también es irrenunciable en alemán, a saber, como concepto de todos los fenómenos que implican plurivocidad, indecidibilidad y vaguedad, cosas con las que las personas se hallan permanentemente confrontadas.[1]

A veces tiene sentido distinguir entre ambigüedad y vaguedad. Pero para nuestros fines no es necesario hacerlo, pues ambas estriban en la posibilidad de que a un signo o a una circunstancia se le atribuyan diversas interpretaciones, ya sea porque el signo o la circunstancia no son suficientemente claros o unívocos (vaguedad), ya porque los signos o las circunstancias señalan a un tiempo a más de un significado (ambigüedad en sentido estricto). Así pues, en lo sucesivo emplearemos «ambigüedad» como concepto genérico.

1   Sobre ambigüedad y cultura, cf. T. Bauer, *Die Kultur der Ambiguität*, Berlín, Verlag der Weltreligionen, 2011, pp. 26-41.

La ambigüedad se produce a menudo involuntariamente; por ejemplo, cuando una sociedad de tiro adopta el lema: «Aprende a disparar y acierta con amigos». Pero, frecuentemente, la ambigüedad también se crea a conciencia, como cuando en literatura se emplean juegos de palabras con más de un sentido o imágenes ricas en asociaciones, o cuando en diplomacia los acuerdos no se formulan a propósito con entera claridad para poder llegar así a una conclusión. La primera frase del artículo primero de la Ley Fundamental alemana, formulada adrede con vaguedad: «La dignidad del hombre es intangible» —una frase sobre la que se han escrito bibliotecas enteras—, pudo convertirse, precisamente gracias a su imprecisión, en la columna basal de la dicha ley. De este modo, permanece abierta a interpretaciones distintas y no depende de representaciones concretas de la dignidad, vigentes en un determinado momento.

Lo importante es que la ambigüedad nunca puede ser evitada del todo. Incluso en casos muy simples, en los que en buena medida es posible suprimir la ambigüedad y la vaguedad, la producción de univocidad resulta sumamente costosa. Veamos un ejemplo sencillo. Es una convicción general que los niños no deben tomar bebidas alcohólicas. Pero ¿a partir de qué edad habría que permitir que los jóvenes compren vino y cerveza? El desarrollo individual de cada joven es diferente, pero no se puede fijar para cada uno un límite de edad individual. Tenemos aquí, por tanto, un caso de ambigüedad. El legislador tiene que decidirse a discreción entre distintos límites de edad posibles —cada uno de los cuales tiene buenos argumentos a su favor— por un único límite de validez universal. Así, en Alemania, está permitido servir vino y cerveza a jóvenes mayores de 16 años. En muchos estados de Estados Unidos, las personas mayores de 16 años pueden comprar fusiles automáticos (algo que, en cambio, no está permitido en Alemania), pero no pueden comprar legalmente vino y cerveza si no son mayores de 21.

Mediante la fijación de una edad mínima, la ambigüedad parece, por lo pronto, haber sido suprimida. Pero sigue habiendo un resto de vaguedad en la implementación de la norma. ¿Cómo reconoce el dueño del establecimiento que el cliente ha cumplido ya los 21 años? La solución parece sencilla: que todos los clientes jóvenes que no sean sin duda mayores de 21 años enseñen su carnet. Pero aún habría lugar para una ultimísima inseguridad. ¿A partir de qué momento un cliente es en realidad, sin absolutamente ninguna duda, mayor de 21 años? ¿Cómo es posible excluir aun la más mínima posibilidad de error en la apreciación del dueño? La solución definitiva la tenemos en el aeropuerto O'Hare de Chicago. Todo viajero que quiera aliviar su miedo a volar en el bar (bastante bueno, por cierto) del *hall* de salidas con una copa de vino es obligado, da igual lo mayor o lo achacoso que esté, a presentar su carnet: «¡Esto no me había sucedido en sesenta años!», refunfuñaba la persona sentada a mi lado, visiblemente anciana.

Tan pronto como se disuelve la ambigüedad en un extremo, surge de nuevo en otro extremo y en una forma a menudo inesperada. Es, por tanto, destino humano tener que vivir con la ambigüedad. Y es razonable intentar reducir la ambigüedad a un grado vivible, sin pretender por ello eliminarla por completo. El objetivo, así pues, es domeñar la ambigüedad en lugar de hacerla desaparecer, lo cual, de todos modos, es un intento condenado al fracaso. El sociólogo Zygmunt Bauman da un paso más cuando escribe que la ambigüedad aparece entre tanto «como la única fuerza capaz de limitar y rebajar el potencial destructivo y genocida de la Modernidad».[2]

El único problema es que los hombres, por naturaleza, tienden a evitar situaciones ambiguas, poco claras, vagas o contradictorias. Los seres humanos, por tanto, dicho con una expresión típica de la psicología, tienden a ser intolerantes a la ambigüedad. Por ello, en ocasiones es también difícil mantener la ambigüedad.

De esto cabe dar de nuevo un ejemplo trivial, tomado en este caso de la diplomacia, un ámbito que depende en una medida especial del cultivo de la ambigüedad. Estados Unidos fue siempre un aliado estrecho de Taiwán, la «República de China». Pero en 1979 pareció oportuno restablecer relaciones diplomáticas con la República Popular China, algo que, empero, solo fue posible al precio de la ruptura de relaciones con Taiwán. A partir de ese momento, fue política estadounidense, por una parte, no mantener relaciones diplomáticas con Taiwán, pero, por otra, seguir con-

2   Z. Bauman, *Moderne und Ambivalenz. Das Ende der Eindeutigkeit*, Hamburgo, Hamburger, 2005, p. 90.

siderando al país un aliado estrecho. El resultado fue, en consecuencia, un caso típico de ambigüedad, en el que eran válidas al mismo tiempo proposiciones que en realidad se excluyen mutuamente, como: «¡No tenemos relaciones con Taiwán!» y «¡Mantenemos estrechas relaciones con Taiwán!». La ambigüedad surge aquí porque ambas frases tienen validez en un sistema de relaciones distinto, a saber, por un lado, el de la diplomacia internacional y, por otro, el de la política de alianzas geopolíticas. Una ambigüedad semejante puede mantenerse solo mientras les parezca ventajosa a todos los implicados y nadie cometa un desliz. En este sentido, se dio un peligroso paso en falso cuando, el 3 de diciembre de 2016, el recientemente nombrado presidente de Estados Unidos habló por teléfono con la presidenta taiwanesa: está permitido comerciar con Taiwán, incluso suministrarle armas, pero lo que no está permitido en ningún caso es hablar por teléfono con el jefe de Estado taiwanés.

La ambigüedad solo puede suprimirse con dificultad y nunca del todo, por la sencilla razón de que no puede haber un mundo sin ambigüedad. Pero no es fácil tampoco mantener un estado de ambigüedad, porque las personas por naturaleza toleran la ambigüedad solo de manera limitada y prefieren generar un estado de univocidad antes que soportar a la larga una pluralidad de sentidos posibles. El estado de ambigüedad, por consiguiente, es lábil. Si se deshace, empero, no surge forzosamente y de inmediato un estado de univocidad, porque en seguida brotan nuevas ambigüedades. Más bien, la consecuencia inevitable es el tambaleo de una ambigüedad a la siguiente. Individuos y sociedades harían bien, por tanto, en aspirar a la justa medida de ambigüedad. En nuestro mundo actual, el problema me parece, sobre todo, una tolerancia a la ambigüedad demasiado escasa. Por eso, en lo que sigue me concentraré en situaciones problemáticas de las que es (con)causa demasiado poca tolerancia a la ambigüedad, sin querer por ello negar los problemas que comportaría su aumento excesivo.

3. CULTURAS DE LA AMBIGÜEDAD

Quien primero señaló que las personas se diferencian por su tolerancia a la ambigüedad fue, en 1949, la psicóloga Else Frenkel-Brunswik. Posteriormente, otros psicólogos y psiquiatras han afinado el enfoque, pero durante mucho tiempo estuvo limitado a la psicología individual.[1] Ahora bien, los individuos no se desarrollan independientemente del mundo a su alrededor, y este entorno no solo ejerce su influencia en lo que sabemos o creemos saber, sino también en lo que estimamos o rechazamos, en lo que esperamos y tememos, y, en fin, también en lo que sentimos y en el modo de nuestra sensibilidad.

Estos planteamientos, que primeramente investigan características individuales como características

[1] Sobre ambigüedad desde un punto de vista psicológico con referencia a nuevos trabajos cf. T. Bauer, *Kultur der Ambiguität, op. cit.*, pp. 36-38. Importantes nuevos trabajos sobre cultura y ambigüedad estimulados por este libro son, por ejemplo, A. Pietsch y B. Stollberg-Rilinger (eds.), *Konfessionelle Ambiguität. Uneindeutigkeit und Verstellung als religiöse Praxis in der Frühen Neuzeit*, Gütersloh, Gütersloher Verlagshaus, 2013; O. Auge y C. Witthöft (eds.), *Ambiguität im Mittelalter*, Berlín, De Gruyter, 2016.

de comunidades, son objeto de disciplinas como la historia de las mentalidades y la antropología histórica. Así, por ejemplo, Philippe Ariès, pionero de esta línea de investigación, estableció en *El hombre ante la muerte* que las ideas que las personas se hacen de una buena muerte se han modificado considerablemente en el curso de la historia europea, si es que no se han invertido incluso en su contrario. En los inicios de la Modernidad se rezaba para ser preservado de una muerte repentina que impidiese recibir los últimos sacramentos en el lecho de muerte, ordenar las últimas voluntades y despedirse de amigos y familiares. Hoy, en cambio, a la mayor parte de las personas le parece deseable una muerte lo más súbita e indolora posible. Es verdad que también en el siglo XVI podía haber personas que prefirieran morir de forma rápida y dándose cuenta lo menos posible, pero el consenso social era otro.

Así pues, los resultados de la historia de las mentalidades no dicen nada sobre los casos individuales, pero sí sobre la tendencia social de conjunto. En este sentido, cabe también comparar unas sociedades con otras dependiendo de su mayor o menor tolerancia a la ambigüedad. Esta comparación muestra con gran claridad cómo las sociedades se distinguen unas de otras en cuanto a los parámetros de tolerancia a la ambigüedad y cómo evolucionan a lo largo de esos parámetros hacia una mayor o menor tolerancia a la ambigüedad.

Quisiera empezar, por ahora, con tres casos. El primero es el informe sobre su propia vivencia de un psiquiatra, a quien, durante una estancia más larga de lo habitual en Estados Unidos, le llamó la atención que la tolerancia a la ambigüedad era ahí más pequeña que en Alemania. A continuación, presento dos ejemplos de casos históricos tomados del ámbito de la religión: muestran cómo una tolerancia a la ambigüedad de signo católico y otra de signo protestante toparon cada una con sus límites respectivos.

En Estados Unidos no hay empate

Christopher Baethge, catedrático de Psiquiatría, pasó varios años en Estados Unidos en el marco de una estancia de investigación y ha contado sus experiencias en un ensayo sobre cómo se apañan con la ambivalencia en ese país. Por ambivalencia entiende Baethge la vivencia simultánea de emociones contradictorias; así, por ejemplo, cuando al mismo tiempo se es atraído y repelido por una persona o una cosa. La ambivalencia es la reacción psíquica a fenómenos percibidos como ambiguos por el propio observador. La intolerancia a la ambivalencia va acompañada, de este modo, por una intolerancia a la ambigüedad (pero, para nuestros fines presentes, no tenemos que ocuparnos más pormenorizadamente con la diferencia que hay entre ambas).

Pues bien, a Baethge le llama la atención que en Estados Unidos las situaciones ambivalentes se teman y se intenten evitar más que en Alemania. Los estadounidenses «se esfuerzan por lograr la mayor univocidad posible» y procuran por lo general —y esto a pesar de su procedencia culturalmente heterogénea y de sus grandes diferencias individuales— «evitar a toda costa que se genere ambivalencia». A Baethge le irritaban las voces graves de los varones (y podría haber mencionado asimismo las voces agudas de las mujeres, que los europeos sienten a menudo como estridentes), «tan ruidosas y profundas, tan guturales y varoniles, que uno como alemán casi se cree afeminado. No es extraño que los varones europeos cuenten con asombro que en Estados Unidos los toman por maricones».[2] Los estadounidenses también dan importancia a una distancia física más grande y tienden a sentir como invasivo un contacto visual que dure más tiempo de lo normal. Es divertida y significativa por igual la observación de Baethge de que en Estados Unidos son especialmente queridos aquellos deportes de equipo en los que nunca, o prácticamente nunca, se produce un empate: fútbol americano, beisbol y baloncesto, mientras que el fútbol europeo, cuyos partidos acaban a menudo en empate, no es capaz de provocar un entusiasmo parecido.

Si se le pregunta a un estadounidense cómo le va, nunca contestará con un malhumorado e inequívoco «¡A la fuerza ahorcan!» o «¡Los años no perdonan!», sino que no dejará de proclamar que le va extraordinariamente bien, porque incluso las fórmulas de cortesía norteamericanas, «a diferencia de las alemanas, se esfuerzan, en la elección de las palabras y en la ento-

2   Cf. C. Baethge, «Amerika, Blicke. Über den Umgang mit Ambivalenz», *Merkur* 58 (2004), p. 316.

nación, por lograr la máxima univocidad». Con independencia de que «la retórica norteamericana, desde la perspectiva europea, resulte unas veces hueca o burdamente simplificadora, y otras refrescantemente clara y dinámica», la característica del habla norteamericana, según Baethge, es sin más «su falta de ambigüedad»[3].

Las cosas se ponen más serias cuando consideramos las repercusiones que en la política exterior tiene esta aversión a la ambivalencia. La propensión a inmiscuirse directamente para aclarar las situaciones de forma inequívoca, o sea, la inclinación al intervencionismo, no deja de alimentarse en última instancia, también en política, de la tendencia a evitar «que las cosas queden en el aire o acaben en soluciones de compromiso».

Finalmente, Baethge señala también la interrelación entre miedo a la ambivalencia y capitalismo. En Estados Unidos, uno debe darlo todo en la profesión. Ahí, «un estado de vacilación ambivalente no es ciertamente de gran ayuda». O, dicho de otro modo: «La evitación de la ambivalencia es también uno de los presupuestos del éxito individual».

La relación es aquí, empero —como veremos aún más adelante—, una relación de mutua dependencia o recíproca. No solo la evitación de la ambivalencia y de la vacilación es útil para hacer carrera en el capitalismo: es realmente un presupuesto para el éxito del capitalismo como tal. Pues, con todos los costes que manifiestamente exige de cada cual, lo cierto es que el capitalismo promete una cosa: evidencia. A toda mer-

3 *Ibid.*, pp. 322 s.

cancía y a toda persona (que con ese fin ha de adoptar asimismo el carácter de mercancía) le puede ser asignado a través de los mecanismos del mercado un valor exacto, expresable en una cifra exacta, poniéndose así punto final a toda reflexión sobre el valor y los valores. Puede que el capitalismo haya arraigado con particular fuerza en Estados Unidos. Pero también en Europa se cree que no hay alternativa a él. Las observaciones de Baethge sobre Estados Unidos, donde a todas luces se registra una tolerancia a la ambigüedad claramente inferior que en Europa, no deberían hacernos olvidar que tampoco las actuales sociedades europeas son islas bienaventuradas de tolerancia a la ambigüedad.

Empate provisional en Roma

En lo tocante a la tolerancia a la ambigüedad, la historia europea ha seguido aparentemente un curso más turbulento que en otras regiones del mundo. Con más frecuencia que, por ejemplo, en las sociedades de Oriente Próximo, en Europa claramente han alternado épocas de relativa tolerancia hacia la ambigüedad, como Renacimiento, Humanismo o Barroco, con otras marcadamente intolerantes, como las representadas por el periodo de las guerras de religión, la Revolución francesa o la era de las ideologías de finales del siglo XIX y del XX.

Un buen indicador de la tolerancia a la ambigüedad de las sociedades occidentales es el estado en cada caso de la Iglesia católica, pues esta es sorprendentemente tolerante a la ambigüedad. Ninguna otra institución soporta «tantas ambigüedades, tantas contradicciones y diferencias culturales», en palabras del periodista Matthias Drobinski. Por eso, «la Iglesia católica no debería tener angustia ante el futuro: justamente porque aguanta la tensión entre multiplicidad y unidad, tradición y modernidad [...] es una institución fuerte».[4]

Un buen ejemplo de su tolerancia a la ambigüedad lo constituye la misión católica a Persia en los siglos XVII y XVIII. En ella estuvieron implicadas varias órdenes religiosas, entre otras, incluso, los Carmelitas Descalzos, para quienes un mandato misional en Asia era ya de por sí un desafío no exento de controversia, pues, al fin y al cabo, los carmelitas eran y son una orden contemplativa. Ahora bien, puesto que el mandato papal implicaba además una misión diplomática, tuvieron que hacer de tripas corazón: para ser tomados en serio, los monjes hubieron de vestir ropas cortesanas y de presentarse montados a caballo: una contradicción que soportaron por mor de su misión.

Los musulmanes acogieron a los misioneros de forma amigable y respetuosa, como era de esperar en la sociedad persa de aquel entonces, sumamente tolerante a la ambigüedad. Según el historiador Christian Windler, se concedió a los misioneros, «tanto en Persia como en el Imperio otomano, espacios de actuación que sacerdotes y pastores de otras confesiones

4   M. Drobinski, «Die vielen Stimmen des Herrn», *Süddeutsche Zeitung*, 13 de febrero de 2013, p. 4.

solo excepcionalmente habían hallado en la Europa occidental de inicios de la Modernidad».[5] Pero lo que no se dejaron los musulmanes fue convertir. Por ese motivo, la atención principal de los misioneros se dirigió pronto a la importante comunidad de cristianos armenios de Persia.

No obstante, los misioneros ponían de vez en cuando a la curia romana ante contradicciones irresolubles. Tal es el caso de la familia Sheriman, una de las más acaudaladas de la época y que tenía delegaciones comerciales en Europa y Asia. Esta familia era la protectora y mecenas más importante de los armenios unitaristas, esto es, de aquella parte de los cristianos armenios que se había adherido a la Iglesia católica y había reconocido al papa como cabeza suprema. Siguiendo los usos armenios, también los Sheriman tenían la costumbre de casar a sus hijos a menudo todavía en edad infantil. Cuando se planteó un caso de este tipo, los misioneros elevaron a la curia una consulta sobre la tolerancia de esta práctica. El dilema no admitía solución. Por una parte, los matrimonios infantiles no podían aprobarse bajo ningún concepto; por otra, no era posible indisponerse con los Sheriman y con los armenios unitaristas. ¿Qué hacer, pues, ante una consulta así? Afortunadamente, la curia tenía a mano un medio para resolver casos semejantes. Su nombre: *Nihil esse respondendum*, «No debe darse ninguna res-

5   C. Windler, «Regelobservanz und Mission. Katholische Ordensgeistliche im Safavidenreich (17. und frühes 18. Jahrhundert)», en A. Karsten y H. von Thiessen, *Normenkonkurrenz in historischer Perspektive*, Berlín, Duncker & Humblot, 2015, p. 46.

puesta». Así pues, el *Nihil esse respondendum* se convirtió «en una fórmula empleada de variadas maneras cada vez que el Santo Oficio se veía confrontado a *dubia* [dudas] con las que se abría una brecha profunda entre los principios de la Iglesia postridentina —de los que la congregación no quería apartarse— y los imperativos de las circunstancias locales».[6] En lugar de procrastinar simplemente la consulta, se adoptaba, por tanto, una resolución formal —consistente en resolver no resolver nada—, un virtuosista artificio de ambigüedad que hoy apenas podemos ya encontrar convincente dada nuestra mentalidad menos tolerante con la ambigüedad.

Una vuelta a los tiempos del *Nihil esse respondendum* parece hoy poco posible. Sin embargo, Hubert Wolf, historiador de la Iglesia natural de Münster, ha mostrado en su libro *Krypta* que el catolicismo actual muy bien puede aprender del catolicismo de los tiempos tolerantes con la ambigüedad. Pues su evolución, ya constatada por Windler para el siglo XVIII, fue en el sentido de una tolerancia cada vez menor a la ambigüedad. Se tocó fondo con el dogma de la infalibilidad del papa, impuesto por Pío IX en 1870, durante el primer Concilio Vaticano, con métodos dudosos. Anteriormente, en 1864, el mismo papa ya había publicado el *Syllabus errorum* («Índice de errores»), probablemente el texto de la Iglesia católica con

6 *Id.*, «Uneindeutige Zugehörigkeiten. Katholische Missionare und die Kurie im Umgang mit communicatio in sacris», en A. Pietsch y B. Stollberg-Rilinger (eds.), *Konfessionelle Ambiguität, op. cit.*, pp. 315, 338.

una impronta ideológica más fuerte hasta ese momento. Es cierto que el segundo Concilio Vaticano, celebrado entre 1962 y 1965, trasladó en algunos ámbitos un sentimiento de apertura, por ejemplo, en lo relativo a los judíos y a la libertad de culto, pero no mostró una disposición general a una mayor tolerancia a la ambigüedad. Así, la posición de las mujeres en la jerarquía no conoció ninguna mejora. Las abadesas, por ejemplo, a menudo habían ejercido anteriormente el mismo poder jurisdiccional que los obispos. Era frecuente emplear en la ordenación de las abadesas textos parecidos a los usados en la ordenación episcopal, y las abadesas estaban absolutamente convencidas de que su ordenación les confería también a ellas potestades sacramentales análogas a las de la consagración de los diáconos. Esta tradición incluso no tocó a su fin sino después del Concilio Vaticano II: todos los pasajes que recordaban a la ordenación episcopal fueron suprimidos, «y el acto entero fue reducido a una intrascendente confirmación de la abadesa para evitar todo lo que hubiera podido recordar de algún modo a la ordenación femenina».[7]

También en lo referente a la liturgia dio el Concilio Vaticano II un paso más en el sentido de la eliminación de la ambigüedad. El psicoanalista Alfred Lorenzer criticó en 1989 con todo detalle la evolución de la liturgia «por el carril de la tutela». La «subordinación del ritual a la proclamación de la palabra» había

7   H. Wolf, *Krypta. Unterdrückte Traditionen der Kirchengeschichte*, Múnich, DTV, 2015, pp. 53 s.

traído consigo, dice, «una coacción que ideologiza a través de la didáctica; una elaboración unidireccional de máximas con las que interpretar el mundo según directrices centralistas, y una reglamentación de la praxis vital mediante un programa educativo ininterrumpidamente desarrollado y didácticamente organizado con habilidad». El papa Juan XXIII alabó aún durante el concilio la diversidad litúrgica de la Iglesia. «El concilio y los órganos ejecutivos de la curia tras el concilio», piensa Lorenzer, «suprimieron con éxito esa misma diversidad por medio de la centralización».[8] La significación del arte y de la música había desaparecido, señala, del mismo modo que la liturgia, en general, había perdido una parte de su sensualidad. En América Latina, donde la liturgia tenía el sello de muchas peculiaridades regionales, a menudo sobre un trasfondo sincrético, todo esto tuvo consecuencias especialmente drásticas: «Quien estrecha el espacio de juego de la fantasía en la base del juego popular, lo examina (de su madurez cristológica), lo controla (en sus aditamentos mágico-paganos) [...] y quien quiere ponerlo, en su conjunto, al servicio de la palabra, necesariamente expulsa el simbolismo sensible».[9]

La Iglesia católica no ha vuelto a alcanzar nunca las cimas de antaño en cuanto a tolerancia a la ambigüedad, como constata también Matthias Drobinski con ocasión de la renuncia de Benedicto XVI en 2013.

8   A. Lorenzer, *Das Konzil der Buchhalter. Die Zerstörung der Sinnlichkeit. Eine Religionskritik*, Frankfurt del Meno, Fischer, 1981, pp. 81 s.
9   *Ibid.*, p. 235.

Dice este autor que los dos últimos papas, «en más de treinta y cuatro años de pontificado entre uno y otro, han visto lo ambiguo en su Iglesia como un problema [...], como una situación lamentable generadora de angustia y que había que remediar; han intentado imponer soluciones unívocas que, en realidad, no pueden imponerse, y han pretendido así domar y disciplinar la diversidad de elementos yuxtapuestos de lo católico, centralizando su Iglesia y declarando cerrado el debate, como si de ese modo las cuestiones dejaran de existir». La Iglesia católica, añade, «antes que llegar a estar libre de equivocidad, ha devenido así en una institución enferma, escindida y con deficiencias de comunicación tanto hacia dentro como hacia fuera».[10] Veremos que la evolución hacia una menor tolerancia a la ambigüedad ha afectado al islam quizá algo más tarde, pero con mucha mayor intensidad.

Breve empate en Ginebra

En tiempos del Renacimiento se produjo un exceso de ambigüedad; por tanto, algo que en la historia europea sucede más bien pocas veces. Mientras el arte y la cultura desplegaban en Italia su máximo esplendor, muchos no querían ya aceptar sin oposición la desbordante tolerancia a la ambigüedad de los papas renacentistas. El resultado fue, una vez más, típicamente europeo. En otras regiones del mundo se hubieran

10 M. Drobinski, «Die vielen Stimmen des Herrn», *op. cit.*

encontrado más bien soluciones de compromiso, esto es, «reformas» en lugar de «la Reforma». En Europa, sin embargo, se sucedieron las divisiones de las iglesias y un rigorismo religioso apenas conocido hasta entonces con tal amplitud.

No dejó de haber voces numerosas, amonestadoras y conciliadoras, como la de Erasmo de Rotterdam, y en muchas partes, mucha buena voluntad para llegar a acuerdos. Este fue también el caso de Ginebra, donde, sin embargo, la Reforma acabaría adoptando una figura de particular radicalidad. Que se llegara a ese punto, por lo pronto, estaba todo menos decidido. La sola religión no hubiera bastado tampoco para instaurar en Ginebra una *tiranía de la virtud* —como reza el título de un libro de Volker Reinhardt—.[11] El rigorismo religioso, por regla general, solo mueve a individuos sueltos. Para que pueda surgir de ahí un movimiento amplio hacen falta siempre y ante todo motivaciones y circunstancias políticas concomitantes que sean favorables. Ese fue el caso tanto de Lutero como de Calvino, y no es distinto en el de los talibanes o el Estado islámico.[12] Incluso personas profundamente religiosas saben, o al menos sienten inconscientemente, que la religión es un asunto plagado de ambigüedad, y que solo mediante la completa negación de sí mismo puede postularse en ella una certeza última. De ahí que, para movilizar el rigorismo religioso en

---

11   Cf. V. Reinhardt, *Die Tyrannei der Tugend. Calvin und die Reformation in Genf*, Múnich, C.H. Beck, 2009.
12   Sobre el islam, cf. T. Bauer, *Kultur der Ambiguität, op. cit.*, pp. 143-191.

toda su extensión, siempre sea necesario también un impulso desde fuera. Más frecuentes aún son los casos en los que un motivo externo de índole política pone las energías religiosas al servicio de la propia causa.

La Reforma en Ginebra proporciona un buen ejemplo de esto. En un primer momento, también hubo aquí esfuerzos reformistas, pero no fueron llevados a la práctica con el debido rigor: «Vivir y dejar vivir», así rezaba la divisa. Esto hubiera podido seguir así mucho tiempo, de no haber habido poderes políticos frente a los que había que posicionarse. Estaban los impopulares duques de Saboya, de los que se quería tomar distancia mediante una política favorable a la Confederación. Por eso, en 1526, se concertó con Friburgo y Berna una *combourgeoisie*. Pero cuando, pasados dos años, Berna introdujo la Reforma, mientras que Friburgo resolvió continuar siendo un baluarte de la antigua fe, creció la presión sobre Ginebra para que decidiera adoptar definitivamente uno u otro rumbo. La pragmática burguesía, ajena al rigorismo religioso, intentó una solución tolerante de la ambigüedad de marchamo genuinamente clásico: se emprendió una política de la «tercera vía», a saber, «declarar la fe asunto de conciencia individual, ordenar al clero predicar sobre la base de la pura palabra de Dios y, en lo demás, dejar todo como estaba».[13] También la predicación del ayuno debía fundarse exclusivamente en la Biblia, mientras que no se tocaba el mandamiento de abstenerse de comer carne. Dado, empero, que es difícil sos-

13   V. Reinhardt, *Die Tyrannei der Tugend, op. cit.*, p. 28.

tener la ambigüedad, pues ni católicos ni reformados estaban satisfechos con esta solución, y dado que había abundantes razones políticas —y militares incluso— para optar por un rumbo u otro, el intento de tomar un camino intermedio acabó ya pocos años después, cuando el 8 de octubre de 1535 se celebró la última misa católica en la catedral. El predicador Guillaume Farel, que había execrado «la contaminación de la fe por las egoístas invenciones romanas»,[14] se había impuesto.

Al año siguiente, con el apoyo de Farel, se estableció en Ginebra Juan Calvino e impuso ahí su «tiranía de la virtud». Cuando hoy día aspiran a otro tanto los fanáticos musulmanes, se dice siempre que pretenden instaurar un «Estado divino». El concepto de «Estado o Ciudad de Dios» procede de Agustín *(De civitate Dei)*, quien, empero, quiso significar con él algo completamente distinto. No hay una noción equivalente en árabe, y en el islam el concepto aparece tan escasamente como escaso fue asimismo su uso en la Ginebra calvinista. Habría, pues, a ser posible, que evitar hoy su empleo.

Sin embargo, más allá de la terminología, hay llamativos puntos en común entre la «tiranía de la virtud» de Calvino y las ideas islamistas de la sociedad. Una y otras pueden ser comprendidas bajo el concepto de fundamentalismo, que ha sido objeto de numerosas definiciones e interpretaciones. Pero lo interesante del caso es, sobre todo, cuáles de entre sus elementos son

14 *Ibid.*, p. 69.

achacables a una intolerancia de la ambigüedad. Pues difícilmente se podrá poner en duda que, en la base de todo fundamentalismo, como su seña de identidad más honda, hay una intolerancia a la ambigüedad. Una vez que se ha reconocido este *fundamento del fundamentalismo,* se podrá también reconocer con facilidad los correspondientes rasgos fundamentalistas esenciales en ámbitos de la vida social en los que hasta ahora no era habitual hablar de fundamentalismo.

Tomemos, primero, el concepto de verdad. Quien aspire a la univocidad se obstinará en que solo puede haber siempre una única verdad, y en que esta verdad es cognoscible de forma inequívoca. Se rechaza una visión del mundo perspectivista y, por tanto, no unívoca. Para Calvino, la Biblia es, en todos los puntos importantes, absolutamente clara y vinculante sin restricción, no dejando ningún margen a la interpretación. Es patente el paralelismo con las actuales corrientes fundamentalistas en el islam y en otras religiones, cosmovisiones e ideologías políticas.

Complementario de «verdad» es el concepto de probabilidad. Un jurista islámico clásico no pretendía haber hallado en su dictamen la verdad, sino tan solo una solución probablemente correcta, fundada en buenas razones. Tampoco los parlamentos de los Estados constituidos democráticamente proclaman ninguna verdad, sino que sencillamente buscan la solución más adecuada en términos probables.

Pues bien, si hay solo una verdad única, entonces habrá de tener también validez intemporal. Si, en épocas determinadas, determinadas cosas se han visto e interpretado de otro modo, entonces estas maneras de ver y estas interpretaciones solo pueden ser falsas, porque, de lo contrario, tendría que haber más de una verdad. Así pues, la segunda característica básica del fundamentalismo consiste en el rechazo de la historia. También en el caso de Calvino, su «plan de organización de una comunidad cristiana se presentó con la férrea pretensión de no crear nada nuevo, sino de tomar todo de los modelos más antiguos y puros. Lo que previamente no hubiera formado parte de la vivencia de los apóstoles y de sus sucesores directos, no tenía derecho a la existencia».[15] Lo mismo vale, si se sustituyen los apóstoles por el profeta Mahoma, para el islam salafista. De ahí también que sea ridículo acusar una y otra vez a las corrientes fundamentalistas de querer regresar a la «Edad Media». Por una parte, las cosas no eran tan fundamentalistas en aquellos tiempos para los que se ha generalizado el concepto de «Edad Media», una noción que, de todos modos, no tiene mucho sentido. Por otra parte, precisamente los fundamentalistas rechazan con toda vehemencia el desarrollo histórico de su religión con sus diversas tradiciones exegéticas y su superestructura ideológica surgida paulatinamente. Lo único que cuenta es aquel tiempo inicial en el que la voluntad de Dios o la del fundador religioso fue aún conocida y ejecutada de una forma supuestamente pura y auténtica.

Esto lleva al tercer rasgo característico esencial, el de la pureza, que se entrecruza en más de un aspecto

---

15   V. Reinhardt, *Die Tyrannei der Tugend, op. cit.*, p. 79.

con el de la univocidad. Solo cuando algo es puro puede ser unívoco. Tan pronto como se le añade algo distinto, algo extraño, se hacen precisas las explicaciones. ¿Ese algo impuro es aún el mismo algo que sería en cuanto puro? ¿Qué relación guarda lo puro con aquello que se le añade? ¿Tiene esto que se añade un significado propio o modifica el significado de lo originalmente puro? E incluso aunque no lo hiciera, tendría que ser sometido a interpretación, de manera que lo original, forzosamente, ya no sería unívoco. Todo lo que ha de ser interpretado y aclarado ya no es puro.

Esta idea de pureza se encuentra ya en el predicador Farel, quien quería purificar la verdadera religión de todos los aditamentos que no se siguen de las Escrituras. Calvino quería, de manera análoga, purificar también Ginebra, haciendo que se exiliaran de la ciudad todas las personas que tuvieran opiniones falsas o incluso, como Miguel Servet —«un foco contagioso ambulante»—, que fueran quemadas en la hoguera. *Obsesión por la verdad*, *negación de la historia* y *aspiración a la pureza* son, así pues, tres rasgos esenciales o conceptos fundamentales de la intolerancia a la ambigüedad que forman la base de todo fundamentalismo. Tal es el polo fundamentalista de la intolerancia a la ambigüedad. Todo es unívoco, o bien completamente correcto o completamente falso, y eternamente válido.

Solo hay, en principio, dos posibilidades de escapar a la ambigüedad. La ambigüedad no existe, o bien cuando algo 1) solo tiene exactamente un único significado, o bien cuando 2) no tiene significado ninguno. Este segundo polo lo denomino el de la indiferencia o insignificancia. El término despierta asociaciones distintas: cuando algo no tiene significación (en el sentido del inglés *meaning*), entonces todas las interpretaciones valen lo mismo. Si todos los significados valen lo mismo, el asunto en su conjunto pierde significación (en el sentido de *importance*) y puede ser contemplado con indiferencia o, en todo caso, con superficial curiosidad.

Así pues, sostengo la tesis de que nuestra época es un tiempo de escasa tolerancia a la ambigüedad. En muchos ámbitos vitales —no solo en la religión—, resultan atractivas, por eso mismo, las ofertas que prometen redimirnos de la insalvable ambigüedad del mundo. Estas propuestas les parecen a sus partidarios y discípulos especialmente acordes con los tiempos y progresistas, y han conquistado de muchas maneras una soberanía discursiva en sus respectivos campos. Frente a esto, la diversidad, la complejidad y la pluralidad a menudo ya no son percibidas como un enriquecimiento. Este desarrollo conduce a lo que, en el subtítulo de este ensayo, es designado como *univocación del mundo*: una reducción de significado, de ambigüedad y de diversidad en todos los ámbitos de la vida. En los siguientes capítulos se tratará, por tanto, de mostrar cómo esta visión del mundo se extiende cada vez más, entre sus polos de fundamentalismo e indiferencia, en la religión, el arte y la música, así como en la política. Quede por cuenta del lector trasladar estas reflexiones a otros ámbitos vitales, por ejemplo, desde la cada vez más identitaria cultura gastronómica, pasando por el estilo de vida y la moda, hasta la literatura y la ciencia.

4. LAS RELIGIONES ENTRE EL
FUNDAMENTALISMO Y LA INDIFERENCIA

El Teatro Alemán de Berlín ha puesto la temporada 2015-2016 bajo el lema «El cielo vacío». Pero ¿cuán vacío está el cielo en realidad? Y suponiendo que lo esté: ¿por qué abundan en los medios de comunicación las intervenciones sobre el tema de la religión?

Los diagnósticos son, en efecto, contradictorios. El interés por la religión sin duda es grande. Pero ¿se puede concluir ya por ese solo hecho un *retorno de los dioses* (como afirma el título de un libro de Friedrich Wilhelm Graf)? Sociólogos de la religión como Detlef Pollack ven, por el contrario, una tendencia muy clara en el sentido de una disminución general de la significación de la religión. Pero también aquí se plantea la pregunta: ¿es este un proceso que se prolongará a largo plazo y que, al final, llevará incluso a la desaparición de la religión vivida?

Son al menos llamativas las grandes diferencias locales, incluso dentro de Alemania. Mientras que en Berlín, capital del ateísmo, solo un treinta por ciento de la población pertenece aún a una de las dos grandes iglesias, en Münster es todavía el setenta por ciento, si bien aquí también con una tendencia a la baja. Considerada a escala mundial, la evolución de las distintas culturas religiosas no es tan distinta. Incluso en Estados Unidos, puestos a menudo como ejemplo contrario, los vínculos religiosos disminuyen de múltiples maneras, mientras, por otra parte, adquieren fuerza las tendencias fundamentalistas.

A pesar de que, a primera vista, parezca algo distinto, en el caso del islam las cosas no son básicamente de otra naturaleza. Por un lado, la religiosidad tradicional siguió y sigue siendo todavía vigorosa, pero también aquí pudo observarse desde la década de 1950 en el espacio urbano una tendencia a la secularización, y esto del mismo modo en Túnez, El Cairo o Herat, y en Sarajevo por descontado. A esta tendencia, empero, le imprimieron otra dirección los acontecimientos políticos.

Y a este respecto cabe hacer una observación de interés: a saber, en todas partes donde es un factor de la formación política de la identidad, la religión conserva su fuerza. Ese es el motivo de que los polacos, a diferencia de los alemanes del Este, no se volvieran ateos bajo el dominio comunista. Pues el catolicismo ha sido en Polonia, desde hace siglos, la característica diferenciadora nacional frente a los ortodoxos rusos y a los protestantes alemanes. En la República Democrática Alemana no tuvo el protestantismo una función equivalente. En la Rusia actual, por su parte, la ortodoxia ha devenido en una característica importante de la identidad nacional. Por eso toda la nación está detrás de la Iglesia, lo que sin embargo no significa ni mucho menos que las personas practiquen la oración o asistan a los oficios religiosos. En Rusia se trata más bien de política y nación que de religión y fe: «Aquí, como en otros lugares», afirman los sociólogos Pollack y Rosta, «se muestra que en la mezcla de elementos religiosos con otras funciones, políticas, nacionales o morales, reside un fundamento esencial para las ganancias de significación de lo religioso».[1]

En países islámicos puede observarse algo similar. Tomemos el caso de Irán, donde se inició la llamada «reislamización». La revolución islámica de 1979 fue acompañada por un fortalecimiento de la identidad religiosa y condujo al derrocamiento de la dictadura laica del sah. Irán es hoy una «República Islámica», pero las personas tienen el sentimiento de ser tuteladas y conducidas de la mano. De ahí que, en Irán, la identidad islámica no suponga ya una plusvalía política. Muy al contrario, el régimen religioso exaspera cada día más a la gente, sobre todo a los jóvenes. En consonancia, Irán es hoy probablemente el país de la región con la población más fuertemente secularizada y menos interesada en la religión. En otros países islámicos, sin embargo, la religión continúa ofreciendo un importante potencial de identidad, presentándose como un vector político contrario a dictadores de signo occidental o a invasores occidentales, especialmente con la promesa de luchar contra la corrupción y a favor de una mayor justicia social.

1   D. Pollack y G. Rosta, *Religion in der Moderne. Ein internationaler Vergleich*, Frankfurt del Meno, Campus, 2015, p. 314.

En consecuencia, florece el islam político, y distintas corrientes fundamentalistas experimentan una intensa afluencia de seguidores.

El islam político y el fundamentalismo son, esencialmente, algo distinto de una religiosidad vivida del modo tradicional. Lo inquietante entonces es que, por una parte, la religiosidad tradicional más bien disminuye, mientras que, por otra, aumentan por doquier las formas fundamentalistas y politizadas de la religión, y esto a menudo ocurre justo ahí donde la religiosidad tradicional está en retirada. Este desarrollo supera las fronteras religiosas y afecta también al cristianismo (piénsese, por ejemplo, en las iglesias evangélicas en Estados Unidos y en Brasil), al igual que al budismo, considerado erróneamente una simple religión de paz, como puede verse en los pogromos contra los tamiles en Sri Lanka y contra los rohingyas en Birmania. En India, desde 2014, el primer ministro es elegido entre los nacionalistas hindúes, y ser indio significa ser hindú. «De este modo, el ser indio de todos los no hindúes es puesto en cuestión, y estos últimos son degradados a ciudadanos de segunda clase».[2] Así pues, solo aparentemente constituye el islam un caso singular y una excepción. No puede desconocerse la tendencia a una religión menos tradicional, que cede, o bien a la indiferencia religiosa, o al fundamentalismo religioso, en este úl-

---

2 «Eine homogene Gesellschaft bedroht die Demokratie», entrevista con Ananya Vajpeyi, *Süddeutsche Zeitung*, 23 de mayo de 2017, p. 10.

timo caso acompañada a menudo por una politización de la religión.

Es de suponer que ambos desarrollos no son independientes entre sí, sino que son por igual resultados de la decreciente tolerancia a la ambigüedad en las sociedades modernas. Pero una relativamente alta tolerancia a la ambigüedad constituye un requisito indispensable para que la religión prospere, y esto por dos razones.

La primera razón viene de la necesidad de aceptar la trascendencia como tal. La religión se basa en la fe en algo que supera lo racionalmente cognoscible, que literalmente lo sobrepasa o trasciende; fe, por tanto, en algo más grande y otro que nosotros. Y por ser así, este algo tampoco puede ser interpretado exhaustivamente y sin resto. Por mucho que los más perspicaces teólogos y estudiosos de la religión se esfuercen por aprehender lo trascendente en conceptos, siempre quedará un resto de vaguedad, de indeterminación y de equivocidad, o sea, de ambigüedad. Es claro que, en sociedades con una exigua tolerancia a la ambigüedad, no hay un terreno propicio para la religión, a no ser que se presente en una manifestación fundamentalista que produce la apariencia de univocidad.

Esto no significa, empero, que en tales sociedades la religión desaparezca por sí sola. Hay biólogos evolutivos que presumen de que la religión demostró ser ventajosa en el curso de la evolución y que, por ese motivo, se impuso universalmente. Su principal ventaja reside en la capacidad de crear comunidad, que ya aparece a las claras en la cultura megalítica de

Göbekli Tepe. En este lugar del sudeste de Anatolia fueron excavadas estructuras circulares de piedra que servían a fines religiosos y se remontan al décimo milenio antes de Cristo, un tiempo en que los hombres ni eran sedentarios ni conocían la cría de ganado o la agricultura. Por consiguiente, la religión no parece haberse desarrollado como un lujo después de que el ser humano se volviera sedentario; muy al contrario, parece haber servido de motivo a la acción comunitaria y, de este modo, haber constituido un presupuesto del sedentarismo. Ahora bien, suponiendo que la religión se evite a causa de su contenido de ambigüedad, quedan aun así esos impulsos, evolutivamente anclados, que hicieron posible la religión y tienen que ser compensados de otra manera en un sentido «posreligioso». Si esto último sucede en forma de intolerancia a la ambigüedad (lo cual no tiene por qué producirse forzosamente), el resultado no tiene consecuencias amables para las personas.

El segundo aspecto en que, para el desarrollo de la religión, se requiere tolerancia a la ambigüedad estriba en el hecho de que la religión es, antes que nada, comunicación. Por lo pronto, la religión se constituye en la comunicación entre las personas. A esta dimensión, por así decir, horizontal, se añade en las religiones reveladas la dimensión vertical. En estas religiones se parte de que lo divino, lo que en puridad es completamente otro, se comunica a los hombres, esto es, que entra en comunión con ellos. Esta comunión no tiene lugar siempre y en todas partes, sino en determinados contextos históricos, donde luego halla reflejo en forma escrita. Con esto no me estoy refiriendo solo a las Escrituras sagradas, como la Torá, el Evangelio o el Corán, sino también a las tradiciones transmitidas sobre la comunidad primitiva, a la vida del fundador religioso y a los escritos de los primeros —y, por ello, particularmente autoritativos— padres de la Iglesia o estudiosos de la Torá o del islam, y a otras cosas similares.

Todos estos textos exhiben justamente la característica propia de todo texto complejo: la ambigüedad. Puesto que en su mayoría se trata de textos bastante complicados que, además de eso, hablan de un campo especialmente rico en ambigüedad como la religión y la fe, presentan incluso un grado de ambigüedad particularmente alto, comparable si acaso con los textos literarios. También en el caso de estos últimos, el trato con ellos dependerá mucho de lo tolerantes a la ambigüedad que sean sus lectores y oyentes.

Esto puede mostrarse bien en el ejemplo del islam, porque aquí resulta especialmente llamativo el cambio de una tolerancia a la ambigüedad relativamente grande a otra extremadamente escasa. Hasta el umbral de la Modernidad, las sociedades islámicas se caracterizan (no siempre ni en todas partes, pero sí a grandes rasgos) por una tolerancia a la ambigüedad impresionantemente grande: así, por ejemplo, la transmisión del Corán como texto se produce con numerosas variantes textuales. Ahora bien, se podía haber intentado fijar un único texto, unitario y sin variantes, y haberlo impuesto como único texto con validez y autoridad. Pero esto no se hizo. Sin embargo, era impensable declarar válidas por igual todas las variantes existentes, pues unas se han transmitido mejor que otras. Eso hubiera hecho imposible cualquier trato constructivo con el texto coránico. Se eligió, pues, un camino intermedio, que es como siempre el enfoque más sensato para solucionar el problema de cómo habérselas con la ambigüedad: para la liturgia y la interpretación jurídica se debía recurrir únicamente a las siete o diez mejores transmisiones, pero los investigadores del Corán debían conservar y comentar también las transmisiones que no eran tan buenas. Así pues, no se trabajó con una única lección, ni tampoco con un caos inmanejable de lecciones, sino que se elaboró una solución intermedia, en la que se conserva la ambigüedad, sin que el texto pierda todo significado a causa de tanta ambigüedad.

Algo similar cabe observar en la interpretación del Corán, en la exégesis coránica. Los estudiosos islámicos clásicos estaban orgullosos de conocer varias interpretaciones para muchos de los versos del Corán, sin comprometerse con ninguna de ellas. Contaban, seguramente, con la posibilidad de que también varias pudieran ser correctas. Si ellos mismos encontraban una nueva interpretación propia, lo que querían con ella solo era completar las interpretaciones anteriores, no sustituirlas. Sin embargo, la mayoría de los comentadores actuales del Corán creen, y esto con independencia de que estén adscritos al campo fundamentalista o al liberal, que Dios no puede hablar más que de forma unívoca y que, por tanto, cada verso solo puede tener un único significado.

Los juristas de la época clásica, o sea, aproximadamente hasta la segunda mitad del siglo xix, compartían también la convicción de que la ley de Dios (la *sharía*) no es cognoscible de forma inequívoca. De ahí que, en el derecho penal (que en el derecho islámico es, en general, uno de los ámbitos jurídicos menos elaborados), se hiciera el esfuerzo de evitar los castigos físicos drásticos. A lo largo de más de mil años, antes de finales del siglo xx, no hubo apenas lapidaciones de adúlteros, ni hubo ejecuciones por actos sexuales consentidos entre personas del mismo sexo. Si en la actualidad los talibanes, Al Qaeda y el Estado Islámico han convertido tales ejecuciones en su sello más propio, esto no representa un «retorno a la Edad Media», sino que es, a la inversa, el nuevo descubrimiento de una ideología islámica moderna y totalitaria.

Lo que hoy día vivimos puede designarse, por emplear una expresión del historiador del arte Hans Sedlmayer, como una pérdida del centro, y esto es, sencillamente, el resultado de una drástica pérdida de tolerancia a la ambigüedad. Este proceso se inicia en el islam durante el siglo xix, cuando las sociedades islámicas se vieron confrontadas con un Occidente superior económica y militarmente, y se encontraron así entre la espada y la pared. Pero cuando uno se siente acorralado, busca respuestas claras y sencillas, con lo que la atmósfera de tolerancia a la ambigüedad se enrarece. Esta confrontación entre Occidente y las sociedades islámicas sucedió precisamente en un momento en que la tolerancia a la ambigüedad había alcanzado en Occidente una de sus cotas más bajas.

La segunda mitad del siglo XIX asistió al nacimiento de todas aquellas ideologías enteramente intolerantes con la ambigüedad que harían finalmente del siglo XX el más cruento de la historia universal.

De esto cabe concluir, de manera general, que cuando desaparece la tolerancia a la ambigüedad, la religión pierde su centro, o sea, la fe domesticada por la duda en algo trascendente, con la conciencia de que la fe no proporciona un saber seguro. Y luego la religión pierde también la certeza de que los textos religiosos necesitan ser interpretados para encontrar respuestas; unas respuestas, empero, que solo pueden reclamar para sí probabilidad y validez transitorias, nunca la verdad absoluta.

¿Qué queda, pues, cuando se esfuma la tolerancia a la ambigüedad? Lo primero que es desvalorizado es todo lo que no se presenta como unívoco, todo lo saturado de ambigüedad, todo aquello cuyos límites son difíciles de trazar y que no se deja traducir en números. Lo ambiguo aparenta ser menos importante. Por el contrario, todo lo que produce o parece producir verdades claras y netas o, al menos, cifras exactas, experimenta un incremento de prestigio. Pero puesto que, de este modo, es menos fácil crear cohesión social, otra instancia asume el poder, a saber: el mercado. Pues el mercado dispone de la capacidad mágica de atribuir a todas y cada una de las cosas un valor exacto, hasta muchas posiciones después de la coma. Quizá sea esta mágica facultad de desambiguación, unida al temor de adecuarse a guías de vida ambiguas, la que lleva a muchos a ver en el capitalismo radical de mercado, a pesar de todas sus insolencias, algo carente de alternativa.

Para la religión esto significa dos cosas. Por un lado, si lo no unívoco no es tan importante, entonces deviene más bien insignificante. No es sorprendente, por tanto, que la indiferencia religiosa represente hoy, en las sociedades occidentales, acaso la forma más extendida de religiosidad. La ambigüedad que impide obtener una certeza última se convierte en impulso y ocasión para optar mejor por la retirada. Esta retirada puede acabar en la indiferencia (pues las personas que se salen de la Iglesia o que no pertenecen a ninguna comunidad religiosa, solo en casos muy contados se convierten al punto en ateos convencidos), pero también, a veces, se torna fundamentalismo, como puede verse en casos de ateos fundamentalistas como Richard Dawkins y Sam Harris.

Pasamos así a la otra cara, complementaria de la indiferencia, que es el fundamentalismo. Ambos son enemigos de la ambigüedad. El indiferente reconoce la ambigüedad (o, al menos, la presiente sin tener conciencia de ella) y se aparta del fenómeno cargado de ambigüedad. El otro, el fundamentalista, niega simplemente que haya ambigüedad. Pero como, no obstante, hay ambigüedad, requiere entonces una autoridad religiosa o política que conozca la recta interpretación, la única interpretación correcta. Se necesita un caudillo, un comité central o un califa autoproclamado.

El salafismo islámico funciona exactamente según este principio. Los caudillos, de un modo u otro, adquieren autoridad; hacen pasar sus propias interpretaciones por las únicas válidas, y declaran apóstatas y herejes a todos los que no los siguen. Si en el islam clásico valía el lema: «Las diferencias de opinión son una gracia para la comunidad» (un dicho atribuido al profeta Mahoma), las diferencias de opinión son tenidas ahora por signos de error y de obstinación.

Cuando se habla de las autoridades islámicas, no se trata a menudo de estudiosos del islam, sino muchas veces de legos religiosos que, originalmente, son científicos, médicos o ingenieros. Según el periodista Jürgen Kaube, precisamente los ingenieros tienen una parte desproporcionada (un cuarenta y cinco por ciento) entre los criminales islamistas.[3] Como una de las causas de esto se indica expresamente su intolerancia a los dobles sentidos, esto es, su intolerancia a la ambigüedad: un rasgo que, al fin y a la postre, caracteriza inevitablemente el trabajo de los ingenieros.

Cabe establecer una primera conclusión provisional: el fundamentalismo religioso y la indiferencia religiosa están, en efecto, estrechamente interrelacionados. Son el resultado de una evanescente tolerancia a la ambigüedad en sociedades completamente burocratizadas, altamente tecnificadas y, sobre todo, capitalistas. La religiosidad tradicional aparece aquí, cada vez más, como prescindible y nada atractiva. Si las sociedades islámicas fuesen más libres, y si no fueran

3   J. Kaube, «Die Dschihad-Ingenieure», FAZ-Net, 29 de marzo de 2016. http://www.faz.net/aktuell/feuilleton/viele-terroristen-sind-scheinbar-ingenieure-14148612.html?printPagedArticle=true#pageIndex_2.

tanto objeto de agresiones militares procedentes del exterior, también se iniciaría en ellas una evolución hacia la «indiferencia», lo cual, al fin y al cabo, es por el momento la opción más deseable. Pero, por desgracia, esto también significa que son malos tiempos para corrientes religiosas espirituales, intimistas o místicas, como el sufismo islámico, que no por casualidad (junto al islam chií) es el enemigo declarado de los salafistas. Así pues, los musulmanes de hoy se hacen dignos de atención más por la destrucción de bienes culturales que por la producción de una literatura y un arte religiosos imponentes, tal como había venido sucediendo durante mil años.

5. ARTE Y MÚSICA EN BUSCA DE UNIVOCIDAD

El arte no puede definirse exactamente. Nadie puede ni debe poder señalar dónde empieza el arte y dónde acaba. Las modernas teorías del arte ven en la polivalencia de las obras artísticas una característica central de la esencia de todo arte. Una obra de arte tiene una adecuada recepción cuando no se la juzga según criterios de verdadero o falso, sino cuando se le asignan, de diferente forma por cada receptor, lecturas y valoraciones distintas, precisamente en razón de que la obra de arte es ambigua. Junto al ámbito de la religión, probablemente sea el arte la esfera vital que plantea las más elevadas exigencias de ambigüedad. Partiendo, pues, del presupuesto de que el arte, para cuajar, depende al igual que la religión de la tolerancia a la ambigüedad, ¿comparte asimismo el destino de la religión?

Hay autores como Christoph Bode y Umberto Eco que se manifiestan en contra. Para ellos, el arte moderno y contemporáneo destaca precisamente por su ambigüedad, que se expresa con especial vigor. La ambigüedad sería, sin más, el «paradigma de la

Modernidad».[1] ¿Serían el arte, la literatura y la música, por tanto, ámbitos de retirada donde cultivar la ambigüedad en un tiempo enemigo de ambigüedades? Puede que esto sea cierto respecto de artistas individuales, pero es altamente improbable que, en sociedades en las que predomina una mentalidad determinada, haya ámbitos vitales separados que pudieran librarse de corrientes tan poderosas. Si vivimos hoy en un tiempo de escasa tolerancia a la ambigüedad, sería muy sorprendente que justamente el arte, la literatura y la música se distinguieran por una tolerancia a la ambigüedad en un grado nunca visto. En realidad, no parece que sea así. Parece más bien que arte, música y literatura se mueven principalmente en las proximidades, por un lado, del polo fundamentalista de marcada univocidad libre de ambigüedad, y, por otro, del polo de indiferencia, el cual se alcanza ya sea por falta de significación, ya por una univocidad demasiado irrelevante. Así pues, con el arte y la música no pasa nada distinto de lo que sucede con la religión y la política.

El inicio de la Modernidad musical no puede relacionarse con un incremento de la ambigüedad. En realidad, tal incremento tuvo lugar aún durante todo el siglo XIX, ese siglo de rostro jánico en el que todavía, al menos en teoría, los laicos podían convertirse en cardenales y los comentarios del Corán registraban los variados significados de sus versos. Esta era de las

---

1   C. Bode, *Ästhetik der Ambiguität. Zur Funktion und Bedeutung von Mehrdeutigkeit in der Literatur der Moderne*, Tubinga, Niemeyer, 1988, p. 2; cf. también U. Eco, *Obra abierta*, Barcelona, Ariel, 1990.

contradicciones trajo consigo en Europa, al mismo tiempo, un sinfín de ideologías que pretendían poder explicar el mundo más netamente que antes y dibujar para la humanidad el único futuro digno de su aspiración. A través del colonialismo y de la superioridad europea en los terrenos militar y económico, esta interpretación del mundo se propagó de forma global.

Pero aún había movimientos contrarios. La burguesía culta de la segunda mitad del siglo XIX se mostró sensible a la contradicción entre ideología, tecnificación, industrialización y burocratización, por un lado, y entusiasmo por la naturaleza, tradición y libertad política, por otro. La mentalidad endurecida de intolerancia a la ambigüedad no se había impuesto en todos los ámbitos, y los románticos encantaban aún el mundo con sus imágenes, sus poesías y su música. La música culta europea devino en esta época paulatinamente más compleja y más rica en ambigüedad. Finalmente, causó furor el acorde de Tristán, en el drama musical de Wagner estrenado en 1865, que se convirtió en el acorde más discutido de toda la historia de la música. Este acorde, formado por las notas fa, si, re sostenido y sol sostenido y que se extiende a través de toda la ópera, ya no es netamente analizable bajo los presupuestos armónicos con sus conceptos de tonalidad y escala diatónica. Así pues, el acorde de Tristán representa claramente un caso ideal de ambigüedad en extremo compleja: ofrece una equivocidad excedente, pero no infinita ni destructora del significado, que es posible analizar racionalmente, sin conducir en ningún caso a un resultado unívoco. La mayoría de los compositores no se dejaron intimidar por el acorde de Tristán, sino que crearon, hasta bien entrado el siglo XX, obras maestras en un estilo rico en ambigüedad que hoy se designa a menudo, con un dejo descalificador, de «tardorromántico».

Pero el tiempo de la indecisión, como podría denominarse el cambio de siglo que va del XIX al XX, llegaba a su fin. Con el *Wozzeck*, estrenado en 1925, creó Alban Berg una obra maestra cuya libre atonalidad plantea la cuestión, en lo referente al aspecto musical (no a la obra en su conjunto), de si la ambigüedad se ha incrementado aquí al máximo o de si ha sido suprimida en buena medida. Esta pregunta ya no se plantea para la *composición con doce notas* de Arnold Schönberg. La técnica dodecafónica establece que las doce notas de la escala cromática tienen todas el mismo rango, de manera que no puede repetirse una si no se ha tocado antes las otras once. Cualquier remisión a la tonalidad tradicional debe ser evitada en la medida de lo posible. Es cierto que, de esta manera, la obra se vuelve más difícil de captar por el oyente, pero, a cambio, exhibe en su estructura interna una univocidad resueltamente matemática.

La música serial, que después de la Segunda Guerra Mundial se desarrolló sobre la base de la dodecafonía de Schönberg, va incluso más allá y no quiere construir solo la altura tonal, sino todos los parámetros musicales —por tanto, también duración, timbre e intensidad—, sobre la base de series numéricas o proporcionales, para de este modo excluir cualquier casualidad, cualquier indeterminación y toda libertad interpretativa. La ambigüedad, ciertamente, no es una de las propiedades de la música serial.

Theodor Adorno reconoció la significación de Schönberg justamente en el hecho de haber impuesto esta univocidad en la música. La atonalidad significa para Schönberg «depurar por completo la música de la convención»: «las piezas de Schönberg son las primeras en las que, de hecho, nada puede ser distinto: son protocolo y construcción en una misma cosa». Sigue diciendo Adorno que en dichas piezas nada «había quedado de las convenciones que garantizaban la libertad del juego. Schönberg adopta la misma posición polémica respecto del juego que de la apariencia».[2] Si Johan Huizinga había establecido en 1938 que «la cultura surge en forma de juego» y que «sin cierta afirmación de la actitud lúdica la cultura no es posible»,[3] Adorno, por su parte, cita a Schönberg, según el cual la música «"no debe decorar, debe ser verdadera" y "el arte no viene de poder sino de tener que". Con la negación de la apariencia y del juego la música tiende al conocimiento».[4]

Esto no suena a tolerancia a la ambigüedad. Al contrario: en solo una página, Adorno consigue reunir las tres manifestaciones constitutivas del fundamenta-

2 T.W. Adorno, *Philosophie der neuen Musik*, Frankfurt del Meno, Suhrkamp, 2013, p. 15 [trad. cast.: *Filosofía de la nueva música*, Madrid, Akal, 2003].

3 J. Huizinga, *Homo ludens. Vom Ursprung der Kultur im Spiel*, Reinbek, Rowohlt, 1987, pp. 57, 114 [trad. cast.: *Homo ludens. El juego y la cultura*, Madrid, FCE, 2008].

4 T.W. Adorno, *Philosophie der neuen Musik*, *op. cit.*, p. 46.

lismo de la intolerancia a la ambigüedad, a saber: la obsesión por la verdad, el rechazo de la convención y la historia y la aspiración a la pureza.

El rasgo fundamentalista de esta filosofía se muestra también en el hecho de que se le niega el derecho a existir a otras tendencias: «La historia del nuevo movimiento musical no tolera ya "una sensata yuxtaposición de las oposiciones"».

Este veredicto se ha impuesto ampliamente. Gran parte de los compositores más recientes que no quisieron doblegarse a los dogmas de la «nueva música» no conquistaron el podio. De forma grave alcanzó ese sino a músicos como Walter Braunfels, Hans Gál o Berthold Goldschmidt, quienes, primero durante el régimen nacionalsocialista, a causa de su «raza», y luego tras la guerra, debido a su aferramiento «reaccionario» a la tonalidad, no consiguieron ser representados.

Al igual que la Modernidad no supuso en la música un movimiento hacia una mayor tolerancia a la ambigüedad, tampoco lo supuso en el arte plástico. La «pureza» también devino aquí en *leitmotiv*. Ya para Adolf Loos (1870-1933), el pionero de la arquitectura moderna, era la pureza un tema central. En su panfleto *Ornamento y crimen* (por lo demás, declaradamente racista) escribe Loos en 1908: «evolución de la cultura es sinónimo de la separación del ornamento del objeto utilitario. [...] ¡Pronto brillarán las calles de las ciudades como paredes blancas!».[5] Supremacistas, fu-

5   A. Loos, *Ornament und Verbrechen*, en *Sämtliche Schriften in zwei Bänden*, vol. I, Múnich, Herold, 1962, pp. 277 s.

turistas y muchas otras corrientes de la Modernidad —también esto es un rasgo fundamentalista— iban acompañadas de ideologías de mejora del mundo que implicaban toda una cosmovisión y producían, en alegre alternancia, manifiestos políticos y obras de arte.

En el camino hacia la pureza, se constituyó en tarea «filtrar y separar de los efectos específicos de todo arte aquello que eventualmente pudiera tomarse también prestado del medio de otro arte —o ser prestado al medio de otro arte—». De ese modo, «cada arte individual es "purificado" y puede encontrar en esa "pureza" la garantía de sus criterios de calidad y de su autonomía», como caracteriza Greenberg en 1960 a la «pintura modernista».[6]

Pero, de esta manera, se hacía imposible una cooperación de las artes entre sí. La fusión natural evoluciona, en palabras de Jürgen Weber, a «una enemistad en toda regla».[7] En el camino hacia la pureza, las distintas artes tenían que ser «liberadas» no solo unas de otras, sino cada una en su caso de todo lo posible. Así fueron «liberados» la arquitectura del ornamento, el arte en su conjunto de la tradición, la música de la tonalidad, la poesía de las supuestas constricciones formales, el color de la forma y la forma del color, y, naturalmente, la pintura y la plástica de la objetualidad, y, finalmente, hasta del significado. O como explica Greenberg: «Las propiedades

6   C. Greenberg, *Die Essenz der Moderne. Ausgewählte Essays und Kritiken*, Dresde, Verlag der Kunst, 1997, pp. 74 s.
7   J. Weber, *Entmündigung der Künstler*, Múnich, Damnitz, 1981, p. 136.

puramente pictóricas o abstractas de la obra de arte son las únicas válidas».[8]

Con ello, también el significado había desaparecido del arte. Lo que quedó fue la obcecación fundamentalista de estar en posesión de la verdad única. Se consolidó así, en Europa y Estados Unidos, «el purismo abstracto en escuela, en dogma, en credo»[9].

En Alemania, este «dogma» alcanzó en la posguerra una plasmación enteramente propia. El escultor Jürgen Weber (1928-2007), miembro durante la dominación nazi de la Iglesia Confesante, escribe en sus memorias:

> Los pintores y escultores que habían trabajado en secreto en su calidad de artistas «degenerados» y que, por esa razón, no se sintieron obligados después de 1945 a ese gran despliegue de «hacer el pino en abstracto», fueron ahora emparentados a través de sus trabajos con los nazis. En cambio, los contemporizadores entre los artistas y los historiadores del arte de la época nacionalsocialista se habían convertido ahora, de repente, de conformistas en paladines de un arte abstracto, con lo cual se habían sacudido su pardo pasado y de nuevo llevaban la voz cantante, y además habían arrendado ahora su antifascismo… y por supuesto eran de nuevo mayoría.[10]

El paralelismo con la historia de la música salta a la vista.

8 C. Greenberg, *Die Essenz der Moderne, op. cit.*, p. 78.
9 *Ibid.*, p.267.
10 J. Weber, *Das Narrenschiff: Kunst ohne Kompass,* Múnich, Universitas, 1994, p. 60.

En busca de lo unívoco, en el transcurso de numerosas depuraciones y liberaciones, incluso el significado se ha extraviado. También la falta de significado es, en cierto sentido, una forma de univocidad, si bien una univocidad en el polo de la indiferencia o insignificancia. Pero, antes de considerar este aspecto con más atención, hay que hacer primero alusión a un movimiento contrario en apariencia que rechaza la falta de significado y va contra la insignificancia. Pero, visto que las cosas, en la «era de los extremos» (Hobsbawm), son como son, tampoco es de esperar aquí una solución intermedia. Más bien, volvemos a aterrizar en el fundamentalista polo opuesto a la indiferencia. Y del mismo modo que la religión, o tiende a caer presa de la indiferencia cuando mediante la politización y la ideologización conserva su influencia, o se hace fundamentalista, también el arte encuentra una especial consideración ahí donde se las da de comprometido políticamente, sobre todo en la forma del arte de acción político. A este respecto, ha sido en tiempos recientes un foco de máxima atención el «Centro para la belleza política». Sus acciones desbordan fantasía, son provocadoras e inconfundiblemente inequívocas en su mensaje. Valga un ejemplo: en la acción «Primera caída del Muro europea», con ocasión del 25 aniversario, en noviembre de 2014, de la caída del Muro de Berlín, el Centro quiso derribar la frontera exterior europea en Bulgaria. También fueron desmontadas las cruces blancas, conmemorativas de los asesinados en el Muro de la RDA, para colocarlas de nuevo en la frontera exterior de la Unión Europea, donde se les impide a los migrantes la entrada en Europa. El plan no fue llevado a cabo por completo, pero el reclamo fue grande.

Acciones como esta son sensatas y necesarias, aunque se pueda discutir sobre sus aspectos jurídicos y su buen gusto. Lo problemático, empero, es no designar acciones de este tipo como políticas en vez de denominarlas artísticas. Philip Ruch, su iniciador, sostiene sin embargo insistentemente que esto es arte:

> Hacemos arte. Solo la agencia de noticias DPA nos tilda constantemente, en contra de su propio convencimiento y con cierta malevolencia, de «activistas». [...] No tenemos objetivos políticos de ninguna clase. Nuestro más íntimo deseo es que esta sociedad se conozca a sí misma.[11]

Esto apenas es una justificación convincente de por qué estamos ante una acción artística y no ante una acción política. ¿Por qué no habría de ser un deseo político contribuir a que la sociedad se conozca a sí misma? Y aquí, además, acecha una trampa. Porque, si es arte todo lo que pretende pasar por tal, ello vale también, naturalmente, para acciones que persiguen objetivos políticos completamente distintos, incluso contrapuestos. Así, un participante en un mitin de PEGIDA, celebrado el 12 de octubre de 2015 en Dresde,

11 «Wir wollen noch nicht sterben. Interview Zentrum für politische Schönheit», art. *Das Kunstmagazin* (http://www.art-magazin.de).

sostenía en alto un patíbulo de madera construido por él mismo. Los letreros adheridos a la construcción sugerían que estaba pensada para la canciller Angela Merkel y para el ministro de Economía Sigmar Gabriel. Este símbolo del odio que desprecia la dignidad humana despertó tal irritación que también la Fiscalía de Dresde acabó incoando diligencias previas. El artista, un ferretero de los Montes Metálicos, se justificó diciendo que su obra era una sátira. De haberse llegado al procesamiento, su abogado hubiera alegado la libertad artística de su defendido. Pero no fue necesario, porque la Fiscalía había sobreseído las diligencias con esta motivación: «Después de la obligada consideración objetiva, la conducta del acusado muestra ser susceptible de interpretación y, en consecuencia, ambigua».[12] Por lo visto, no hace falta mucho hoy día para que algo sea tenido por ambiguo y, consecuentemente, por arte.

Suponiendo que la «migración» de cruces de un muro a otro sea arte, se hace difícil justificar por qué el patíbulo de PEGIDA no iba a serlo también. Criterios político-morales podrían ayudar en este punto a definir mejor las ideas. Al arte contemporáneo, sin embargo, el arte de acción político, con su pretensión de ser arte, le rinde un importante servicio. Porque, cuanto más falto de sentido y más abstruso se vuelve el arte, tanto más urgentemente depende de formas de expresión politizadas para, en la tradición de la

---

12   MDR Sachsen, 10 de marzo de 2017: «Ermittlungen wegen Galgenattrappe bei Pegida eingestellt».

Modernidad rebelde, poder reclamar relevancia social y mantener su aureola crítica y progresista. El arte de protesta se convierte así en «una prestación al mercado del arte de los ganadores, y ambos deben su estatus hasta el presente al paradigma de la Modernidad», a decir del historiador del arte Wolfgang Ullrich.[13]

13   W. Ullrich, *Siegerkunst. Neuer Adel, teure Lust*, Berlín, Verlag Klaus Wagenbach, 2016, p. 20.

6. ARTE Y MÚSICA EN BUSCA
DE INSIGNIFICANCIA

Ambigüedad significa polivalencia de sentidos, pluralidad de significados; así pues, significa el potencial de
transmitir muchas significaciones y asociaciones distintas. Dado que el arte contemporáneo, en muchas de
sus manifestaciones, exhibe una apertura de significado tal que admite infinitamente muchos significados y
asociaciones, disfruta de la consideración de ser especialmente rico en ambigüedad.[1] Pero no hay que de-
jarse engañar por la pobreza significativa del arte más
reciente. La ambigüedad es, como vimos en el caso de
las variantes textuales del Corán, un fenómeno gra-
dual. En uno de los lados está la univocidad carente de
ambigüedad: no hay más que una única lectura correcta. En el otro lado está el excedente de significado, en
principio infinitamente grande, que destruye asimismo el significado. Un verso coránico con un número
gigantesco de variantes y posibilidades interpretativas,
todas igualmente válidas, ya no significa nada a la postre. Infinitamente mucho significado conduce a la in-

1   C. Greenberg, *Die Essenz der Moderne, op. cit.*, pp. 195, 461.

significancia. La insignificancia es tan poco polisémica como un único significado. La ambigüedad enriquecedora solo tiene lugar entre los polos de la univocidad y los infinitamente muchos significados. Todo depende de la justa medida.

Jürgen Weber proporciona un ejemplo ilustrativo de la pérdida de relevancia comunicativa cuando las obras de arte no pueden transmitir ya significado alguno. El propio Weber recibió el encargo de crear un «monumento ciudadano» para la ciudad de Salzgitter que recapitulara figurativamente su historia. Su *Torre del trabajo*, inaugurada en 1995, puede considerarse una de sus principales obras. Los relieves muestran las estaciones de la historia de la ciudad, desde su fundación como «Fábricas Hermann Göring», pasando por la guerra y la destrucción, la acogida de los fugitivos y la reconstrucción, hasta llegar a ser el moderno emplazamiento de la industria del acero. Los relieves del pedestal muestran escenas de la época nacionalsocialista de la ciudad: soldados apiñan a trabajadores forzados; prisioneros del campo de concentración, acusados de sabotaje, son colgados por guardias de seguridad; mujeres de la ciudad dan pan a prisioneros del campo de concentración y son llevadas por ello al campo de castigo. Una obra de arte que, a través de la variedad de significados, sacude, causa consternación y obliga a la reflexión.[2]

La ciudad de Salzgitter se ha hecho cargo valientemente de su pasado. Otras ciudades no lo han hecho,

2   J. Weber, *Das Narrenschiff, op. cit.*, p. 430.

mucho menos aún bancos y empresas. La Daimler-Benz era, de manera similar a las «Fábricas Hermann Göring», una fábrica de armamento que explotaba a trabajadores forzados sin número, deportados a Alemania, en condiciones inhumanas. Tampoco la Daimler podía ni quería ignorar este capítulo por más tiempo y encargó una obra que había de conmemorar al trabajador forzado. El resultado fue una escultura de Bernhard Heiliger, erigida en 1989 en el recinto de la fábrica. ¡Pero qué distinto fue el efecto del memorial de Untertürkheim en comparación con el de Salzgitter! En la escultura abstracta de Untertürkheim no hay absolutamente nada que indique trabajo forzado, explotación y dominación violenta. Weber expresó su enfado y comentó que la escultura era tan poco comprometida que «igual podía representar "armonía, técnica y naturaleza" que "asesinato causado por la técnica"». El texto con el que la Daimler Art Collection presenta hoy la obra en internet confirma con creces la impresión de Weber. Leemos ahí que la escultura a ras de suelo *Día y noche*, de Bernhard Heiliger, ofrece «un ejemplo representativo de la renuncia a un núcleo plástico cerrado y de la descomposición de la forma del conjunto».[3] La «dialéctica del título» se refleja, seguimos leyendo, «en un juego de concomitancias y confrontaciones de elementos quietos y dinámicos, línea y esfera, atracción y repulsión». Además, hay «una

3 Daimler Art Collection, Berhard Heiliger. *Tag und Nacht,* 1983. http://art.daimler.com/artwork/tag-und-nacht-bernhard-heiliger-1983/.

placa conmemorativa añadida que llama al recuerdo de los trabajadores forzados en la Segunda Guerra Mundial y al mantenimiento de la paz». Esta llamada convierte, se dice, «la grandiosa escultura, que se da a ver en todos sus aspectos, en monumento conmemorativo».[4] Así pues, ¡la obra de arte de por sí no significa absolutamente nada! Solo una «placa conmemorativa añadida» (¡!) hace de la obra un memorial del asesinato y del trabajo forzado.

Es difícil creer que antiguos trabajadores forzados se sientan dignificados por una obra plástica con este título de *Día y noche*. Pero se ha prestado un múltiple servicio al consorcio empresarial. Este hace alarde de responsabilidad social, de compromiso con el fomento de las artes y de la voluntad de revisar su propia historia; esto último, sin embargo, de forma no demasiado drástica con una obra de arte que, ni siquiera en su vacuo título, y menos aún a través de su mera contemplación, deja entrever algún tipo de significado. Pero precisamente esto es su particular ventaja y el motivo, en última instancia, de que productos similares del arte de grupos empresariales, bancos y aseguradoras atiborren nuestras ciudades: no significan nada, no molestan ni perturban nada, son amables de mirar, si es que se los mira, pues a menudo «pasan inadvertidos como mobiliario urbano más que son vistos conscientemente», como afirman los historiadores del arte Christian Saehrendt y Steen T. Kittl. Y si alguna vez un banco hace el intento en serio, las cosas pueden torcerse como

4   *Ibid.*

está mandado. Así, por ejemplo, el Banco de Inversiones de Berlín encargó al escultor Peter Lenk, famoso por sus objetos plásticos deliciosamente satíricos, una obra para la institución. El resultado fue la escultura *Carrera en escalera (Karriereleiter)*. Muestra a tres ejecutivos que, en mortal lucha ascendente, se pelean subidos a una escalera de mano. Fue instalada en 2007, pero «en otoño de 2012 desapareció de la noche a la mañana sin conocimiento del artista para ser localizada más tarde en un vertedero de chatarra. El portavoz de prensa del banco comunicó que la obra había sido desmontada "porque no la vemos como tarjeta de visita del banco y no se corresponde con nuestro modelo"».[5]

Un arte pobre en significado incluso llegó a convertirse en un arma durante la Guerra Fría. La Unión Soviética era un Estado totalitario fundado en una ideología determinada. La ideología requiere univocidad. Un arte de la univocidad era el que proporcionaba el realismo socialista, que, en consecuencia, se convirtió en el arte oficial del Bloque del Este durante el periodo estalinista. A ello quería Estados Unidos contraponer algo que dejara constancia de la libertad intelectual del mundo capitalista, de su creatividad desbordante y su espíritu de progreso, que no se arredra ante la provocación. La CIA se puso manos a la obra. En 1950 se creó el Congreso por la Libertad de la Cultura, financiado y dirigido por la CIA. La tendencia artística por la que optó la agencia de inteligencia fue

5   Cf. C. Saehrendt y S.T. Kittl, *Ist das Kunst oder kann das weg? Vom wahren Wert der Kunst*, Colonia, Dumont, 2016.

el expresionismo abstracto, representado por artistas como Jackson Pollock y Mark Rothko. La elección de la CIA fue del todo hábil: la abstracción había sido hasta ese momento ampliamente rechazada por los norteamericanos. El expresionismo abstracto podía, por tanto, ser considerado provocativo y progresivo. Traspasaba fronteras, luego seguramente tenía que ser liberal. El hecho de que, siendo así, no pareciera pegar en absoluto con el clima de la era McCarthy y de que los artistas (que no sabían nada de esta turbia promoción) fueran de orientación liberal y de izquierdas, hizo tanto más creíble la campaña. Así, la CIA organizó y financió una exposición tras otra, ganó influencia en los museos y lanzó artículos de revista para ayudar al expresionismo abstracto a imponerse. Lo más oportuno era que, con el expresionismo abstracto, se había dado con una tendencia artística que, por una parte, era tenida por progresiva y crítica, porque encontraba oposición, pero cuyas producciones artísticas, por otra, no significaban nada en cuanto tales. De manera distinta al expresionismo no abstracto, con sus temas a menudo cargados de emotividad y críticos de la sociedad, surgían ahora imágenes coloridas perfectamente compatibles con el capitalismo y cuyo significado solo venía determinado, a fin de cuentas, por su valor de mercado, que paulatinamente ascendía sin límite.[6]

Con frecuencia, estas obras de arte, no obstante, tienen la pretensión de estar provistas de una deter-

---

6 Cf. F.S. Saunders, «Modern Art was CIA "weapon"», *The Independent*, 21 de octubre de 1995.

minada dimensión estética, y, por tanto, de ser bellas, esto es, de proporcionar una belleza sin significado: de ser productos artísticos cuyo significado es el espectador, mediante la recepción de su belleza, quien se lo otorga a la obra concreta de forma individual. Las mejores obras del arte abstracto se caracterizan por semejante ambigüedad, muy grande, pero todavía no infinitamente grande. Pero también la belleza es ambigua. No se puede definir con precisión matemática, tan poco como el arte. Pero, en una sociedad intolerante con la ambigüedad, predomina la tendencia a considerar carentes de importancia, o a desechar por completo, fenómenos que no pueden ser conocidos con terminante exactitud. Menos obvio es, precisamente en su oscuridad u opacidad, reconocer a los límites difusos de la belleza un atractivo especial. Así pues, no es sorprendente que el destino de la belleza en la Modernidad tardía venga a parar de nuevo en su desgaste en aras de evitar la ambigüedad. De esta manera, el arte, finalmente, fue liberado también de la belleza, y el concepto de belleza incluso se convirtió en un pseudoconcepto, para no hablar de la valoración de las destrezas artesanales del proceso formativo. Después de que la vanguardia proscribiera y eliminara paso a paso la belleza como criterio, el arte se declara hoy día en su mayor parte incompetente en asuntos de belleza. Así y todo —y, una vez más, se enfrentan los extremos sin término medio—, la belleza (o, al menos, una determinada forma de belleza) se ha convertido en culto en la cultura de consumo tardocapitalista. La belleza sin mácula o, mejor dicho, *beauty*, es omnipresente aquí, no solo como término de contraste, sino también como modelo para la optimización de uno mismo. Esta, empero, es una forma específica de belleza, a saber, una «estética de la lisura», como la llama Byung-Chul Han. «Lo liso», dice Han, es «la seña de identidad de la época actual». Es lo que emparenta «las esculturas de Jeff Koons, los iPhone y la depilación brasileña».[7] Pero esa belleza pura y lisa no es bella. Requiere la fractura: «En lugar de contraponer lo sublime a lo bello, se trata de devolver a lo bello una sublimidad que no quepa interiorizarla, una sublimidad *desubjetivizante*».[8]

El par de conceptos de lo «bello» y lo «sublime» en Byung-Chul Han —que se remonta a Schiller y, en último término, a Kant— recuerda a la pareja de nociones *tremendum et fascinans* (lo tremendo y fascinante) acuñada por el teólogo y estudioso de las religiones Rudolf Otto y que constituye, según él, el núcleo de la religión. Ambas, religión y belleza, solo pueden sobrevivir en el reino ambiguo situado entre los dos polos y son destruidas por la aspiración a la pureza absoluta. Muchos representantes de un «arte del presente» que ha de superar la Modernidad, o bien aspiran con afán fundamentalista a eliminar la belleza del arte, o bien intentan crear una belleza «lisa» inmaculada. Su empresa sería acogida con indiferencia por la inmensa mayoría si no actuara, aquí también, la magia del mercado capitalista.

---

7   B.-C. Han, *La salvación de lo bello*, Barcelona, Herder, 2015, p. 11.
8   *Ibid.*, p. 38.

¿Cómo, si no, un arte que ha acabado por perder toda norma, y no conoce ya criterios que permitan distinguir el arte de lo que no lo es, podría justificarse como arte? Esto todavía lo hace, en primer lugar, aferrándose al *pathos* de progreso de las viejas vanguardias. El criterio de «innovatividad» hace tiempo que sustituyó al mucho más ambiguo criterio de calidad. Con todo, el arte seguramente ha sobrepasado entretanto ese «punto de modernización»[9] en el que —según Greenberg, importante promotor de la vanguardia— «tiene que dejar de abolir las convenciones transmitidas si quiere seguir siendo capaz de existir como arte».[10] Puesto que ahora ya no es posible abolir nada, solo quedan, o el camino a la superficialidad consumible en forma de cultura pop, la cual puede captar por unos pocos segundos la atención del espectador, o la provocación mediante lo monstruoso, «pues lo monstruoso, como si fuera por costumbre, se deja interpretar como credencial de un espíritu radical, es más, de un espíritu vanguardista».[11] Porque, al fin y al cabo, «la glorificación de las rupturas con lo convencional y de los atentados contra el buen gusto forma parte de la mentalidad de una modernidad obsesionada con la pureza y la revolución»,[12] como dice Ullrich en su libro *Siegerkunst* [El arte de los vencedores]. Un agradable efecto secundario de esta obsesión por el *pathos* de progreso consiste, entonces, en que se siga

9 W. Ullrich, *Siegerkunst, op. cit.*, p. 9.
10 *Ibid.*, p. 47.
11 *Ibid.*, p. 71.
12 *Ibid.*, p. 99.

pudiendo rechazar cualquier crítica, por justificada que esté, como incultura ultraconservadora, sin tener uno mismo que aducir argumentos sustantivos. Una segunda razón justificativa estriba en la ya mencionada prestación de acciones que, en calidad de arte, sirven para que se pueda declarar la relevancia social del arte en su conjunto.

Así y todo, son más importantes, como tercer elemento, instituciones como museos y asociaciones artísticas que deciden, en última instancia, qué es arte y qué no. Lo que está expuesto en el museo es arte. Pero, dado que los museos no tienen ya en definitiva criterios, se produce un circuito de autoconfirmación: «Cuantos más museos exhibían restos de acciones, desechos, cajas y conservas», constata Weber, «tanto más seguros se sentían los expositores siguientes». Esto tampoco contribuye a una mayor diversidad; por todas partes se cuelga lo mismo: «Warhol, Twombly, Baselitz, Polke, Richter, etc.».[13] Y más valdría ponerse a vender pronto esta mercancía de confección, porque «en la próxima generación, cuando todos tengan la misma idea, podría tener mucho menos valor», como piensan Saehrend y Kittl.

Con lo cual hemos topado de nuevo, como punto cuarto, con el mercado. «El arte es apreciado en su valor y en su significación cuando vale mucho». O, dicho de otro modo: «La inseguridad y la indeterminación de su valor como objeto de recepción son traducidas a otro lenguaje, el del dinero. Ese lo

13   J. Weber, *Entmündigung der Künstler, op. cit.*, p. 29.

entiende cualquiera, pero no hay en él palabras para indeterminación o polisemia».[14]

El efecto más espectacular del actual mercado del arte es la producción de un «arte de vencedores», como muestra Wolfgang Ullrich en su ensayo así titulado. Por arte de vencedores se entiende aquel que, con los precios inconcebiblemente altos que alcanza, presenta tanto al artista como al comprador en su condición de vencedores: el «arte de vencedores» es, por tanto, un «arte de vencedores para vencedores». Sin embargo, esa propiedad de ser arte de vencedores no puede servir de criterio de calidad, porque «tanto mayor será la atención que atraiga sobre sí el arte de vencedores, cuanto mayor sea el sentimiento de la discrepancia entre el precio pagado por una obra y sus cualidades experimentables». La conclusión es simple: «Cuanto mayor sea la pretenciosidad que la obra representa, tanto mayor será su cualificación como símbolo de estatus que produce un efecto de exclusividad y marca diferencias».[15]

El arte de vencedores no es tampoco un arte que cultive un sentimiento de humanidad, pues «cuanto más perversa, brutal y obscena sea la obra, tanto mejor puede el coleccionista presentarse como soberano». Dicho con otras palabras: el arte de vencedores es asocial, del mismo modo que se ha vuelto asocial nuestra edificación urbana en manos de un capitalismo devenido en totalitario. En Berlín y en Stuttgart

14 *Ibid.*, p. 141.
15 W. Ullrich, *Siegerkunst, op. cit.*, p. 99.

se ha dejado pasar la ocasión de hacer surgir, en el entorno de las estaciones centrales de tren, espacios urbanos que las personas puedan encontrar bellos, en los que se sientan bien, paseen y se relajen, en los que puedan encontrarse y tener trato unas con otras. En lugar de esto, se condena la superficie con los bloques rectangulares de sociedades de inversión.

Sin duda es correcto echar la culpa principal de estos desarrollos a las estructuras capitalistas. Pero, igual que para todo asesino hay un asesinado, también aquí al búnker de inversores le corresponde una población que acepta que su ciudad se vea abarrotada de edificios con semejante arquitectura. Pero lo encaja, porque dicha arquitectura se propaga como la única que estaría a la altura de los tiempos. Solo que, como ya no hay un estilo a la altura de los tiempos que sea bello, a no ser la belleza «lisa» diagnosticada por Han, la belleza ya no sirve como criterio. Lo cual es aceptado, a su vez, porque la belleza es una cosa ambigua; pues, si bien es cierto que muchos son sensibles a ella, justamente no todos lo son. Es difícil indicar criterios objetivos de belleza. Así que, prescindamos de la belleza y, con ella, de su potencial utópico. Ahora bien: la añoranza de un mundo más bello también es la añoranza de un mundo más humano, más social, más diverso, más habitable. Pero esta utopía de la belleza parece haber fenecido.

Según el fundamentalismo de la Modernidad clásica, en asuntos de arte y de belleza parece haber cundido la indiferencia. Aunque estén en auge los museos, la gente ya no mira. Los visitantes pasan solo once segundos de promedio delante de una obra de arte, como constatan Saehrendt y Kittl. Por mucho que el arte se exponga hoy en «rutilantes templos museísticos» abarrotados de gente, prosiguen estos autores, el arte «no deja de ser un componente de la cultura popular cuyo fin es la acumulación de experiencias».[16]

A la culturalización pop del arte le corresponde la culturalización pop de la música. A diferencia de la dodecafonía y de la música serial, no se busca la univocidad en el material, sino en el efecto, en el efectismo. «El efectismo se convierte en contenido, sustituye a la sustancia». Con estas palabras resumía Greenberg, en 1989, la esencia del *kitsch*, aunque él mismo reconoce su gusto por la música pop.

Acaso deberíamos, en realidad, juzgar el *kitsch* con mayor indulgencia de la que tuvieron los fundamentalistas de la Modernidad, con Adorno a la cabeza. Por otro lado, hay que ser conscientes del peligro de que la transformación en *kitsch* del arte y de la música amenace seriamente la existencia de ambas, porque arte y música solo pueden ser recibidos con indiferencia una vez que dejaron de reconocer toda seriedad y su recepción no puede acontecer ya en una entrega seria del receptor. La producción cuasiindustrial de arte y música ya solo apuesta, al parecer, por ese mismo efectismo. Los artistas tienen una «idea» y dejan que la desarrolle un equipo compuesto por individuos que poseen las capacidades artesanales de

16   C. Saehrendt y S.T. Kittl, *Ist das Kunst oder kann das weg?, op. cit.*, p. 222.

las que hace tiempo que el o la artista ya no disponen. Algunos artistas ven por vez primera el resultado de su trabajo solo el día de la inauguración.

Lo mismo cabe decir, al menos, de muchas canciones pop, que hace tiempo que ya no se crean como un trabajo en común entre el autor de la letra y el compositor (o en la unión personal de ambos papeles), sino que son acordadas al efecto buscado con métodos científicos y programas de ordenador. Es así como los éxitos nacen hoy «de un proceso con una mayor división del trabajo, donde participan hasta cinco veces más colaboradores altamente especializados», de manera no distinta a lo que ocurre con muchas obras en las bienales de arte. Tenemos, por ejemplo, «al mezclador o *beat-maker*, que no hace más que pulir un sonido perfecto de *hi hat*, mientras otro especialista en *beat* programa el bombo de percusión ideal; el compositor, por su parte, es alguien exclusivamente especializado en idear refinados puentes». Y así, «multitudes de compositores de canciones prueban las distintas combinaciones de fragmentos melódicos y de sílabas». Esta *melodic math* no se preocupa precisamente por más significado, porque «una canción no tiene necesariamente por qué tener un sentido textual siempre que las sílabas y las palabras se deslicen perfectamente y sin trompicones por la superficie del fraseo melódico», explica el periodista musical Jan Kedves.[17] Y del mismo modo que al número creciente de las clases de chocolatinas no le

17   J. Kedves, «Hitfabrik», *Süddeutsche Zeitung*, 28 de enero de 2016, p. 11 (en referencia al libro *The Song Machine,* de John Seabrook).

corresponde ningún incremento real de la diversidad alimentaria, también estas canciones pop, confeccionadas industrialmente, son más un síntoma de la univocación del mundo que de la variedad artística.

Pero, al igual que el arte sigue viviendo de la aureola de lo progresivo-opositor típica de la Modernidad clásica, la música pop sigue alimentándose de su aureola de rebeldía y anticonformismo propia de los años y las décadas posteriores a 1950. Sucede así que incluso artistas serios se sienten hoy obligados a asegurar (con sinceridad o no) que no existe ninguna diferencia fundamental entre música ligera y música culta. Por lo que, una vez más, nos encontramos con el hecho de que la ambigüedad es eliminada mediante el expediente de negar su existencia. Cuando no es posible determinar diferencias de calidad con criterios inequívocos, parece más fácil decir que no las hay en vez de reflexionar sobre distinciones cualitativas nada sencillas de precisar, pero, no obstante, existentes. Sostengo, por el contrario, que hay diferencias cualitativas; que, por ejemplo, una canción festivalera no tiene la misma calidad que la canción punk de Nina Hagen mencionada al comienzo, y que ambas, a su vez, tienen otras cualidades que, pongamos por caso, un cuarteto de cuerda de Alban Berg.

Lo problemático no es aquí, una vez más, la existencia de la música pop, tan poco como el problema del arte abstracto o de la música serial residen en su mera existencia, a menudo muy enriquecedora. Lo discutible, en cambio, es su pretensión de absolutidad. Es cierto que, a diferencia de las corrientes artísticas vanguardistas, la música pop no afirma ser la única tendencia musical válida y que todo lo demás sería reaccionario, desprovisto de valor y merecedor de ser anatematizado. Pero dicha música es a menudo tan directamente efectista y emocionalmente efectiva, a la par que tan lisa e incondicionalmente consumible, que se vuelve omnipresente y acalla todas las demás voces, más finas y matizadas. De este modo, su efecto frecuentemente (como queda dicho: no siempre) no es para nada enriquecedor; antes bien, contribuye al empobrecimiento.

Una segunda conclusión provisional: la religión y el arte son ámbitos de retirada de la ambigüedad y solo en ese marco pueden prosperar. La religión puede causar desgracia. Pero, ni podemos abolir la religión, ni nada indica que un mundo sin religión sería mejor y viviría más en paz. La religión, sin embargo, puede ser domesticada y refrenada si emplea conscientemente su potencial de ambigüedad en provecho de la sociedad.

Junto a la religión, las artes albergan el mayor potencial de ambigüedad. La sociedad, empero, solo podrá obtener provecho de ese potencial si se pone coto a la destrucción de ambigüedad mediante su trivialización en el capitalismo de mercado radical. Por reformular el lema del Teatro Alemán para la temporada 2015-2016: pudiera ser que las causas que conducen a un cielo vacío (o, al menos, a un cielo más vacío) también hicieran más vacía la tierra.

7. EL DELIRIO DE AUTENTICIDAD

Me contaba un estudiante de arte de Düsseldorf que había aprendido que lo más importante es la autenticidad, no pintar bien. La autenticidad que quiere realizar este estudiante de arte no es la autenticidad en el viejo sentido de la palabra. No designa un anillo de oro verdadero, un cuadro pintado verdaderamente por Van Gogh o un informe fiel a los hechos. Más bien, se trata de la propiedad de una persona que, aunque como toda persona sea verdadera persona, no es también, así sin más, una persona auténtica. De manera análoga, no toda obra de arte, aunque no esté falsificada, es ya por eso mismo una obra de arte auténtica en el sentido que hoy día adopta el término en muchos discursos.

En un polémico comentario sobre el entusiasmo —que cada vez más gente manifiesta ofensivamente en tiempos recientes— por el brutalismo arquitectónico de los años cincuenta a setenta del pasado siglo, el historiador del arte Raphael Dillhof hace el siguiente diagnóstico: «ese amor a las duras formas de hormigón», en la «burbuja del consenso entre ordenador portátil, bicicleta de carreras y café habitual», no solo ofrece «la pureza y autenticidad perdidas», sino «una forma de delimitación, de superficie de fricción»; así pues, ofrece un polo fundamentalista opuesto a la indiferencia de lo cotidiano. Pero uno mismo preferiría vivir en un edificio antiguo. El actual *hype* del brutalismo es sintomático de muchas cosas: no por casualidad, «la palabra mágica de los brutalistas, la autenticidad, de nuevo se considera hoy, en la cultura popular y en la alta cultura, la distinción más elevada posible… desde la publicidad del "hágaselo usted mismo" hasta el renacimiento de la *performance* en las artes plásticas».[1]

Esta «palabra mágica», empero, no solo tiene vigencia en el arte, también la tiene en la política, es más: vale de la sociedad en su conjunto. La autenticidad, tomada en este sentido, ha de considerarse con mayor detenimiento, aunque solo fuera porque su omnipresencia constituye un factor esencial de la univocación del mundo. Para entender a qué nos referimos, daré el rodeo de una breve reflexión sobre el realismo, que, si bien aún se halla lejos de esta especie de autenticidad, permite reconocer la evolución que habría de conducir al actual delirio de autenticidad.

Aunque conste como un hecho que una característica primordial del arte más actual es no ser mimético, o sea, no querer imitar a la realidad (si bien esto no vale ni del *pop-art* ni del arte de acción), la tendencia general de la cultura, por el contrario, se desenvuelve hacia un realismo cada vez más fuerte.

---

1   R. Dillhof, «Aber hier leben, nein danke! Brutalismus als digitaler Zombie», *art. Das Kunstmagazin* (http://www.art-magazin.de).

Esta evolución se cumplió muy a largo plazo, por ejemplo, en el teatro. La ópera barroca recibía su idiosincrasia de las reglas de la retórica, que, dependiendo de la situación y de la emoción del caso, requerían el empleo de determinados medios musicales. Los cantantes realizaban gestos retóricamente estipulados, y las piezas se desarrollaban en escenarios exóticos: un hecho, sin embargo, que no tenía reflejo en la música (como tampoco en los trajes). Más tarde tuvo lugar una paulatina «desrretorización» de la ópera. Los escenarios lejanos se plasmaban, cada vez con más frecuencia, también en la música, por ejemplo, en los pasajes *alla turca* de *El rapto del serrallo* de Mozart. Los argumentos se fueron haciendo más realistas, y el *Così fan tutte* de Mozart tuvo que oír, solo pocos años tras su estreno, que su argumento no solo era inmoral sino inverosímil: al parecer, se aspiraba conscientemente a una cercanía cada vez mayor a la realidad. El movimiento del *verismo* incluso plasmó esta tendencia en su nombre. La melodía, asimismo, fue deviniendo más «realista», y la coloratura, floreciente en las óperas del *bel canto* de la primera mitad del siglo XIX, fue desechada por antinatural. Poco a poco, la línea de canto se iba aproximando a la melodía hablada, con especial claridad en los veristas, en Puccini y en la opereta. En el teatro musical contemporáneo, disfrutará de gran popularidad la ejecución melódica próxima al recitativo, y en la música pop es el canto recitativo (con muy poco canto) el que, por ejemplo, suministra el material para el rap y el hip hop.

Concedo que esta es una interpretación muy esquemática que no tiene en cuenta numerosas excepciones, por ejemplo, las perlas del teatro del absurdo como *El gran macabro* de György Ligeti o la reviviscencia de la ópera barroca desde el último tercio del siglo xx. La tendencia hacia un realismo cada vez mayor, empero, me parece innegable; una tendencia que, a fin de cuentas, podría poner en cuestión la justificación existencial de la propia ópera, porque la ópera es, por naturaleza, una forma artística altamente artificiosa y no puede, ni por asomo, devenir de verdad realista.

Esto no solamente es de aplicación al teatro musical, sino al teatro en su conjunto. También en el teatro basado en la palabra se generaliza progresivamente la exigencia de autenticidad, y formas «auténticas», como son el teatro documental y otras formas teatrales posdramáticas, sustituyen en número creciente a la representación de piezas teatrales literarias. Aun así, por muy drástico que sea tanto realismo, y a pesar de los intentos de suprimir todo lo posible la separación entre escenario y público, el teatro es y seguirá siendo un espacio artificial. Y «mientras se presenten actores en el escenario», piensa Moritz Rinke, del Berliner Ensemble, «se presentan personas, biografías, artistas, cuyo don más grande son la imitación de lo vivido y la transformación». Por esta razón, «es improbable que se llegue a la existencia, en el largo plazo, de un teatro posdramático».[2]

---

2   M. Rinke, «Drama, Baby!», *Süddeutsche Zeitung*, 21 de junio de 2017, p. 9.

En lo referente al realismo, el teatro de todos modos no puede seguir el ritmo del cine. En el cine se hace especialmente patente la tendencia a aproximarse cada vez más a la realidad. Las películas mudas de un F. W. Murnau, un Fritz Lang o un Sergei Eisenstein son obras maestras de elaborado artificio. Pocas veces se han visto con posterioridad tantas cosas como se dan a ver en ellas. La invención del cine sonoro no fue unánimemente celebrada en un primer momento. La introducción del color dificultó el juego sublime de luz y sombra de los filmes en blanco y negro, pero ofreció una imagen más fiel de la realidad, aunque no necesariamente una mejor calidad de las películas (cuyas imágenes, precisamente en la década de 1970, eran a menudo de menor calidad que sus antecesoras en blanco y negro). Es verdad que, en principio, no hay nada que objetar ni al cine sonoro ni al cine en color. Lo único lamentable es que, en la ideología capitalista del progreso, no parezca posible una vuelta atrás. Tras la marcha triunfal del cine sonoro, sencillamente ya no fue posible seguir filmando películas mudas, y los filmes en blanco y negro, tras la introducción del color, quedaron relegados a una pequeña comunidad de cineastas y no han cosechado ningún éxito más que esporádicamente, como, por ejemplo, con *Buenas noches, y buena suerte* (2006), de George Clooney, o *La cinta blanca* (2009), de Michael Haneke, o incluso con *The Artist* (2011), de Michel Hazanavicius, premiada con un óscar.

En lugar de esto, la técnica continúa su incontenible progreso, pone a los espectadores gafas 3D o los convierte de pies a cabeza, gracias a un equipo de realidad virtual, en componentes de los videojuegos. También la realidad virtual quiere ser realidad, todo lo real que sea posible, y sin distancia épica reconocible. En todo esto, la ambigüedad no está bien vista, un hecho que no supone precisamente un estímulo para el surgimiento del gran arte. Esta evolución hacia más realidad también viene determinada naturalmente, en el caso del cine y de los medios que lo han sucedido, por el desarrollo técnico… pero justamente solo «también». El ejemplo de la evolución de la ópera y de la canción debería mostrar que no es solo el nivel de la técnica el que fuerza esos cambios. A ello hay que añadir la voluntad de cambiar las cosas en un sentido determinado, y esta voluntad apunta inequívocamente a una proximidad cada vez mayor a la realidad.

Esta fijación con la realidad parece ser un fenómeno global. Así, por ejemplo, una mirada a los países árabes enseña que la poesía árabe clásica sigue encontrando muchos amantes, pero que los teóricos literarios árabes, desde mediados del siglo XX, expresan a menudo su malestar con su objeto de estudio. Ello es debido a la propagación del dogma de que la poesía sirve «para exteriorizar sin artificio los verdaderos sentimientos». Ahora bien, no hay un solo poeta árabe que, en el curso de un milenio y medio, haya intentado expresar sentimientos verdaderos —y encima sin artificio—; su objeto era, muy al contrario, despertar emociones en el oyente con el mayor refinamiento posible. Y justo por esta razón hay intelectuales árabes a quienes hoy les resulta problemático valorar de forma adecuada uno de los mayores logros culturales de la humanidad, como es el representado por la poesía árabe clásica.

Con todo, este malestar únicamente se limita por ahora al hecho de que tal o cual verso no expresa un «verdadero» sentimiento (sea lo que sea lo que esto quiera decir) y no está exento de «artificio». La legitimación existencial del medio, sumamente artificioso, del arte poética (todavía) no se pone en duda, y el deseo de una mayor proximidad a la realidad anda aún muy lejos del actual delirio de autenticidad. No obstante, puede observarse entretanto la tendencia a sentir como problemática cualquier mediación cultural de la vivencia real; así, por ejemplo, cuando el periódico *Süddeutsche Zeitung*, bajo el bonito titular «Ulk totalmente auténtico», informa del estreno de la primera película cinematográfica de un *youtuber*. Leemos en la noticia que la película gustó a aquellos jóvenes «a quienes no les importa la calidad sino la autenticidad». A esta clientela, seguimos leyendo, la televisión «no le interesa, como dicen tres chicas, pues "ahí las personas actúan y esas cosas"». Pero aquí «ven a jóvenes normales que tienen problemas normales» y que son «abiertos; le ponen a uno siempre de buen rollo».[3] Llegados a este punto, probablemente ya no valgan ni el teatro documental ni la telerrealidad.

3   T. Hahn, «Ulk total authentisch. Tausende Jugendliche feiern die Premiere des ersten Youtuber-Kinofilms», *Süddeutsche Zeitung*, 20 de julio de 2015, p. 8.

Aunque estos ejemplos posiblemente no sean ni siquiera representativos, ayudan a comprender qué pasa con la autenticidad. La persona es auténtica, a todas luces, solo cuando vuelve hacia fuera, sin filtro, su interior, su naturaleza supuestamente no adulterada. Y esto significa, en fin, que autenticidad es lo contrario de cultura. Cultura —del latín *cultura*, que significa «cultivo», «cuidado»— es lo que los hombres hacen con la materia prima de la naturaleza. Por consiguiente, el hombre como ser cultural no es completamente idéntico a sí mismo como ser natural. Surge aquí de nuevo una situación de ambigüedad que solo podrá suprimirse si el ser natural, que se cree auténtico, se deja sin cultivar. Es cierto que, antropológicamente, esto es una locura, pues el hombre ya es por naturaleza un ser cultural, pero esto es algo en lo que el discurso de la autenticidad no suele parar mientes, pues supone que nuestro yo no adulterado se encuentra en nosotros mismos y que no conoce un desarrollo en nuestra interacción cultural y social. El discurso de la autenticidad no tiene en cuenta que las personas actúan en sociedad incorporando siempre papeles distintos y cambiantes dependiendo de la situación, papeles en los que las personas dan las mismas respuestas a las mismas preguntas y reaccionan con las mismas emociones a estímulos parecidos. El modelo de la autenticidad sugiere, por el contrario, que, más allá de estos papeles, hay un yo —un sí mismo— verdadero, y que es deseable que este yo verdadero se explaye vitalmente con los menores filtros posibles.

No obstante, este yo verdadero (y con esto enlazarían reflexiones sobre la relación entre autenticidad y capitalismo) acaba siendo el mismo que el yo en calidad de consumidor, esto es, la persona que precisamente es ella misma cuando consume lo que corresponde a sus necesidades «auténticas» y que, de ese modo, la ayuda a lograr su identidad («el aroma individual» en edición de millones de copias no es, entonces, una contradicción en sí misma). La economía de la publicidad se dirige exactamente a este consumidor que encuentra su identidad en el consumo de mercancías de masas.

La vieja promesa de felicidad publicitaria de que, comprando tal o cual producto, la vida cambiará claramente para mejor, ya no es creída a pie juntillas. La ambigüedad, que estriba sencillamente en que el mensaje publicitario no se corresponde con la realidad, quedó al descubierto. La univocidad, por tanto, ha de ser producida por otra vía. Esta univocidad la proporciona el concepto de autenticidad. Según esta concepción, nuestra naturaleza no falseada por la cultura consiste en distintos tipos de necesidades; es más, estas necesidades («necesidad» es el concepto básico de la teoría económica clásica) constituyen nuestra esencia verdadera. Así pues, si queremos ser verdaderamente nosotros mismos, esto es, si queremos ser auténticos, hemos de satisfacer dichas necesidades. La economía capitalista, por tanto, no precisa para su funcionamiento tanto un sujeto autónomo como un sujeto auténtico. El sujeto auténtico encuentra realización en la satisfacción de sus necesidades auténticas en el consumo. Por eso, lo que vale de una chocolatina ha de valer también del arte. También el arte que ha de sostenerse ante el sujeto auténtico tiene que ser un arte consumible. No hay sitio para un arte que pudiera traer consigo una larga reflexión, una contemplación durante horas, o incluso una ocupación de toda una vida con una obra. Por eso, el arte que a primera vista aparenta ser crítico, y hasta crítico del capitalismo, en definitiva, solo es afirmativo, a saber: cuando sirve al discurso de la autenticidad.

De lo que apenas cabe duda es de que la autenticidad, cada vez más, es tenida por el ideal supremo. Una víctima temprana de esta evolución es la cortesía, esa forma del cultivo personal sin la cual la convivencia humana no sería soportable y que hoy es a menudo difamada como corrección política. Cuando alguien ha impartido una conferencia que, en opinión de un oyente, no es más que una sarta de cosas erróneas y absurdas, el segundo, ateniéndose a las reglas de la cortesía, por ejemplo, dirá: «Su intervención ha sido muy interesante, si bien no estoy de acuerdo con usted en todos los puntos». Es evidente que esto no es exactamente lo que piensa el oyente. Se produce, pues, una discrepancia entre lo que el oyente dice y lo que de verdad piensa. Lo inequívoco —y por tanto auténtico— sería más bien que el oyente se levantara y dijera: «¡Es usted un completo idiota y no tiene ni idea de lo que habla!». La mayoría de las veces, las reglas de cortesía todavía nos impiden formular de esa manera las cosas cuando nos hallamos cara a cara. Pero en internet tales reglas han dejado de estar vigentes, y en los comentarios de internautas en periódicos, blogs de toda índole, redes sociales o por correo electrónico, el deterioro de la comunicación avanza a pasos agigantados. El dedo corazón sería «el nuevo besamanos», según el periodista Adriano Sack. Y no son simplemente las normas de conducta las que nadie conoce ya. Se extiende «una actitud poco galante, estrecha de miras, vengativa»: el estado de ánimo fundamental es «agresivo, todo el mundo se siente permanentemente perjudicado o atacado, se increpa o se acusa sin más».[4]

La objeción de que todo esto sería consecuencia del progreso técnico no vale. El ejemplo de la creciente aproximación de los medios a la realidad ha mostrado que los desarrollos de este tipo no vienen determinados principalmente por el estado de la técnica, sino que tiene que existir primero la voluntad de impulsar estos cambios. En otros tiempos también se podría haber insultado por carta. Pero no se hacía o, en todo caso, solo rara vez. Más digno de notar es el hecho de que una expresión auténtica del insulto —y no hay duda de que auténtica lo es— suele tener hoy día la buena conciencia de su parte. Al fin y al cabo, el autor de un correo que constituye una expresión de odio estaba, al redactarlo, en perfecta sintonía consigo mismo y no se ha dejado torcer por imperativos culturales.

En el arte, el discurso de la autenticidad presta excelentes servicios coadyuvando a que pase por artístico hasta el último de los despropósitos. Aunque

4   A. Sack, «Der Mittelfinger ist der neue Handkuss», *Die Welt*, 9 de marzo de 2016.

el espectador no sea capaz de reconocer un sentido, existe en el caso de la obra «auténtica» una relación de univocidad entre el artista y la obra, al ser la obra la expresión no adulterada del verdadero yo de su autor. Aun dejando de lado la cuestión de por qué habría el público de interesarse por una obra así, admitamos que la autenticidad es un producto en extremo comercializable y que se presta sorprendentemente bien a funcionar como eslogan publicitario. Pero ¿puede la autenticidad suministrar un criterio de lo que es arte? Auténticos son, al fin y al cabo, el desconsiderado que conduce a toda pastilla, el violador, el hincha de fútbol ebrio o el joven de Wolfsburgo que se une al Estado Islámico para realizarse auténticamente practicando la decapitación. Es bien conocida la componente de cultura juvenil que hay en el terrorismo islamista; pero estos jóvenes no se convierten en terroristas por haber leído el Corán, sino porque quieren, de una vez, ser auténticos y que se los perciba así.

Es claro que son muchos quienes en nuestra sociedad consideran deseable suprimir, lo más radicalmente posible, la falta de univocidad que genera el «malestar en la cultura» (Freud). Solo en una sociedad así puede sentirse la autenticidad como algo positivo sin restricción ninguna.

8. UNIVOCACIÓN POR ENCASILLAMIENTO

Un concepto estrechamente emparentado con el de autenticidad es el de identidad. La sola etimología del ser idéntico (de *idem*, «el mismo») muestra ya que no es un concepto muy amigo de ambigüedades. La identidad supone siempre una «uneidad» y excluye la pluralidad.

La diferencia entre autenticidad e identidad reside sobre todo en el alcance de ambos conceptos. La autenticidad no es, a fin de cuentas, más que la identidad del individuo consigo mismo. Es uno consigo mismo y no se deja adulterar por algo segundo. No hay influencias culturales ni consideraciones sociales que lo menoscaben o lo refrenen. Muy al contrario, despliega en todo momento aquello que la naturaleza supuestamente ha depositado en él. La idea de que llevamos en nosotros una naturaleza verdadera, la cual es disimulada y falseada por la cultura y la sociedad, es un dislate y un absurdo, pero está en la base de la concepción de la autenticidad.

La autenticidad, en principio, está reservada al individuo y difícilmente podrá ser colectivizada. Pero la idea de que al individuo le conviene por naturaleza un ser verdadero único, el cual ha de conservarse intacto si ha de ser auténtico, admite perfectamente ser extendida a colectivos. A tal efecto sirve el concepto de identidad que, aplicado al individuo («yo soy idéntico»), resulta un tanto risible, pero que tiene una función importante para los colectivos. No hablo aquí del concepto específico de identidad, tal como, por ejemplo, se emplea en psicología, sino de su uso político. Así, en política, el concepto es adoptado por una corriente de la nueva derecha que se designa a sí misma como «movimiento identitario» y cuyo logro más reseñable consiste en internacionalizar el nacionalismo populista y el racismo cultural.

Como precursor de dicha corriente se suele mencionar a Alain de Benoist y, como su punto de partida, la *nouvelle droite* de la década de 1970. La invocación de un francés, nacido en fecha tan tardía como 1943, parece sugerir que este movimiento no se remonta directamente a las concepciones racistas de los nacionalsocialistas. Esta distancia, no obstante, es solo aparente, pues no todos los racistas del Tercer Reich sustentaban sus ideas en el biologicismo. Cuando, por ejemplo, Benoist rechaza hablar de razas superiores e inferiores y contrapone a esa visión su «antirracismo diferencialista», coincide completamente con Ludwig Ferdinand Clauß (1892-1974), quien había sostenido asimismo la opinión de que para la ciencia no existen razas de valor inferior.

LA TEORÍA DE LAS RAZAS DE CLAUß

La de Ludwig Ferdinand Clauß es, curiosamente, una de las más absurdas historias de ambigüedades que se conocen, motivo por el cual merece en este punto ser contada con más detalle. Esta historia comprende: la tragedia particular de dos personas; una novela negra científica; dramas de celos, difamación y denuncia; episodios tragicómicos de enredos administrativos; procesos judiciales de nada menos que veinte años de duración, y una pieza satírica israelí.

Todo comienza con la resolución de Clauß, que se sentía llamado a grandes empresas, de aplicar la fenomenología de su maestro Edmund Husserl a la psicología de los pueblos. De este modo, Clauß pisaba el terreno de un discurso social especialmente intolerante con la ambigüedad: la teoría de la raza. Como representante de las ciencias del espíritu, sin embargo, Clauß no quería estudiar las razas con los métodos de craneometría empleados por los biólogos. Lo que quería —mediante el método por él desarrollado de la «co-vivencia mímica» o del «vivir-con» (no muy distinto del método de la «observación participante» practicado por la etnología)— era indagar los estados anímicos típicos de cada raza: «Es así como, en una co-vivencia mímica, nos construimos paso a paso y capa a capa el mundo de los otros: el mundo de índole extraña».[1] Clauß se convirtió de este modo

1   L.F. Clauß, *Semiten der Wüste unter sich. Miterlebnisse eines Rassenforschers*, Berlín, Gutenberg, 1937, p. 25.

en fundador de la psicología de las razas e incurrió en un círculo diabólico de ambigüedades del que no podría escapar ya, ni siquiera con su muerte. El plan que propugna un método enteramente basado en la ambigüedad (uno permanece arraigado en lo propio, pero esto uno lo «deja de lado» mientras, a un tiempo, vive miméticamente [con] lo extraño), pero que pretende introducir orden en la ambigüedad de los seres humanos, repartiéndolos netamente en casillas distintas, es un plan que no puede salir bien.

Primero, no obstante, vio Clauß su tarea como estudioso de las razas en dividir a los hombres en categorías lo suficientemente inequívocas, pues decía:

> La raza es figura, y toda figura es lo que es por su contorno, por su límite. La psicología de las razas es estudio de los límites. Pero, quien quiera conocer un límite con nitidez, tiene que ver además aquello *de lo que* ese límite delimita a un ser: aquello, pues, que está más allá del límite. [...] Buscar nuestro límite es nuestro más noble oficio. Nuestro límite frente a lo extraño, sin embargo, es también el límite frente a nosotros. Tampoco desde enfrente debe esta limitación ser ocultada ni obviada en silencio.[2]

No se trataba solo de mantener en su pureza el ser alemán. Antes bien, las demás razas también deberían ser preservadas de la contaminación por lo extraño:

2 *Id., Rasse und Seele. Eine Einführung in die Rassenseelenkunde*, Berlín, Gutenberg, 1938, p. 9.

El estilo de vida nórdico, centrado en el rendimiento, abarca la tierra con la despiadada herramienta del poder mecánico y destruye toda vida afín a la especie de aquellos que no son hombres de rendimiento. Esto significa una vil ofensa y confusión de leyes de la especie ajenas, y esta confusión, antes o después, tiene necesariamente que repercutir en nosotros y en nuestro mundo nórdico.[3]

Así pues, cada raza tiene su propia ley de la especie, y ninguna de estas leyes vale menos que otra. Esto se aplica también, dice Clauß, a los judíos, a quienes él asignaba a un tipo racial para el que había inventado la denominación de «hombre de la redención». Lo problemático según su teoría son, en cambio, las mezclas o la vida en un entorno extraño, las situaciones, pues, de ausencia de univocidad. Justamente esto afectaría en especial a los judíos, porque estos, en Europa sobre todo y a consecuencia de su mezcla con otras razas, no podían, según Clauß, desenvolver el alma propia de su raza. Ese es el motivo de que ideen «sistemas abstractos para la comprensión de los valores materiales de este mundo» como «sustitutivo de la cabal espiritualización que rehúyen».[4]

Si Clauß se presentó más tarde a los nazis como un impecable antisemita, lo hizo en parte contra su propia convicción, porque los semitas, al menos los de «pura raza», en general le caían bien. De ahí que qui-

3   *Ibid.*, pp. 97 s.
4   *Ibid.*

siera conocer más detenidamente a los semitas en su índole pura y no adulterada, y para esto le resultaron más apropiados los beduinos árabes de Jordania que los judíos. Así que aprendió árabe, viajó a Palestina y se presentó ante los beduinos de Transjordania como «jeque de los alemanes». Los resultados de estas investigaciones, que habían de desembocar en su libro *Los semitas del desierto en casa. Vivencias compartidas de un estudioso de las razas*, convirtieron rápidamente a Clauß en uno de los más renombrados y reconocidos representantes del racismo científico, a pesar de que (o precisamente porque) su método se distinguía claramente de la corriente biologicista imperante en dichos estudios, aparte de dar al público un entretenido material de lectura.

Pero se le cruzó un problema personal. Clauß no hubiera podido llevar a cabo sus investigaciones sin los abnegados trabajos preparatorios de su ayudante Margarete Landé. A través de las continuadas denuncias de la exmujer de Clauß, salió a la luz que Landé era judía, y el Partido tuvo a la fuerza que investigar el asunto. Pero ¿cuánto de judía era? Si se desarrolla en la Modernidad una ideología racista (esto es, una ideología que, en su aspiración de crear orden, es inconfundiblemente moderna), es preciso que esta pueda expresarse exactamente en cifras. Pues bien, de acuerdo con los patrones oficiales, Landé era cien por cien judía; pero, según el método psicológico de la empatía de Clauß, lo era como mucho en un cincuenta por ciento, y —se defendía Clauß— debería serlo al menos en un setenta y cinco por ciento para que pudiera ser tenida por mestiza en el sentido de las leyes raciales. Clauß, quien, a pesar de andar liado en los dislates de la teoría racial (que, por aquel entonces, pasaba por ser una ciencia seria), parece haber sido una personalidad bastante tolerante con la ambigüedad, reaccionó con irritación y comunicó al Partido Nacionalsocialista lo siguiente:

> No puedo pensar que este modo de ver que se atiene a porcentajes sea, en realidad, el del Partido [...].Voy a machacar esto cueste lo que cueste, porque quiero saber si el Partido consiente que la libertad de la ciencia se transforme en un cálculo porcentual.[5]

Al hacer así, empero, había sobreestimado más de la cuenta la tolerancia del Partido a la ambigüedad. Este se encontraba ante una situación similar a la de la curia romana en el caso de los Sherman y su solicitud para que se permitiera el matrimonio infantil: por una parte, era completamente inconciliable con la doctrina del Partido el hecho de que uno de sus miembros emplease a una judía; pero, por otra, se haría el ridículo en el extranjero si se desacreditaba a uno de los estudiosos de la raza más reputados internacionalmente. Los nazis, sin embargo, a diferencia de la curia, no disponían de un *nihil esse respondendum* en su caja de herramientas. No obstante, de momen-

5   P. Weingart, *Doppel-Leben. Ludwig Ferdinand Clauss: Zwischen Rassenforschung und Widerstand*, Frankfurt del Meno, Campus, 1995, pp. 59 s.

to no pasó gran cosa porque, en la subsiguiente avalancha de procesos (que, bajo signo cambiante, había de durar de 1941 a 1962), primero vino en ayuda de Clauß la «ley de conservación de la energía de la ambigüedad» (naturalmente, desconocida para todos los implicados) que afirma: «Cuanta mayor es la energía empleada para la eliminación de la ambigüedad, tanta mayor es la ambigüedad que surge en relación con la ambigüedad del caso que había sido eliminada».[6]

Los sistemas totalitarios suministran un bonito ejemplo de esto: para imponer una ideología exenta de ambigüedad, se fundan instituciones cuyos miembros, empero, tienen por su parte distintas nociones de la ideología y persiguen distintos intereses propios. La consecuencia indefectible de esto son la ineficiencia, las camarillas y las intrigas. El intento de reducir la ambigüedad conduce, prácticamente con forzosidad, al aumento de la ambigüedad. Clauß aprovechó esto y enfrentó a unas instituciones con otras y, a su vez, a los amigos, en sus respectivas instituciones, contra sus propios enemigos y los enemigos respectivos de unos y de otros. Por último, el caso derivó incluso en controversia científica. Sus enemigos, que entendían la ciencia de la raza como una disciplina encuadrada dentro de las ciencias de la naturaleza, y preferían medir cráneos que compartir la vivencia de estados anímicos, se opusieron al método instaurado por Clauß, que les parecía demasiado ambiguo. De este modo, se contradecía su argumento de que había empleado

6 *Ibid.*, p. 83.

a una judía como colaboradora porque, como buen nórdico, podía sentir empatía por los jeques beduinos en calidad de semitas, pero no por los judíos, para lo que se requería al menos una parte de sangre judía. En 1943 no sirvieron ya de nada las maniobras tácticas, y Clauß, que había perdido anteriormente su puesto universitario, fue expulsado del Partido Nacionalsocialista. Tras la guerra, Clauß reclamó una reparación, lo cual trajo consigo nuevos procesos judiciales. Al estudioso de las razas nacionalsocialista Clauß, que había conseguido salvar de manera novelesca a su colaboradora Landé durante la época nazi, se le dedicó, en 1981, un árbol en la Avenida de los Justos entre las Naciones, de Yad Vashem, en Jerusalén; un honor, no obstante, que le fue retirado en 1996.

La idea de que es sensato clasificar a los seres humanos en distintas razas, y de que las razas y las culturas solo pueden desarrollarse si se relacionan únicamente consigo mismas, va ganando paulatinamente adeptos, y no solo en el movimiento identitario que se remite a Benoist, quien, en nombre de una «configuración plural del mundo», quiere combatir su «progresiva homogenización».[7] Pero esta «configuración plural» no es precisamente la misma a la que nos referimos en este libro. Benoist y sus seguidores aceptan, en el mejor de los casos, una coexistencia, en régimen de estricta separación, de los distintos pueblos y culturas, que cultivan cada uno su propia identidad (Clauß hu-

7   A. de Benoist, *Kulturrevolution von rechts. Gramsci und die Nouvelle Droite*, Krefeld, Sinus, 1985, p. 14.

biera dicho: que desarrollan cada uno su propia alma racial). Solo de este modo llegarán a ser auténticos como colectivo. El colectivo, a su vez, reconoce en esas características auténticas, que lo distinguen de otros colectivos, su propia identidad, la cual ha de ser preservada y bajo ningún concepto dañada por la mezcla con otras identidades o por la pérdida de sus límites.

Así pues, una configuración plural como la expuesta no puede de ningún modo ir aparejada con ambigüedad, porque, dentro de cada colectivo, impera un alto grado de univocidad sobre la pertenencia o no pertenencia a él y sobre las propiedades que fundan dicha pertenencia. Estamos aquí ante una estrategia habitual de desambiguación a la que me gustaría llamar «encasillamiento»: cuando claramente no existe perspectiva de producir univocidad mediante la supresión de lo ambiguo, queda aún, como segunda mejor solución, la posibilidad de clasificar el mundo en casillas, dentro de las cuales, al menos, imperará la mayor univocidad posible. Es verdad que la existencia del otro sigue siendo un fastidio, pero por lo menos la propia identidad no se ve contaminada por la mixtura con lo ajeno.

Tomates

La mera pluralidad numérica por sí sola no hace una vida plena, ni siquiera en el caso de las verduras. El grupo Monsanto «vende más de dos mil clases de verduras a más de ciento sesenta países», y ha previsto producir tomates dulces para Estados Unidos y tomates ácidos para Italia. La mayoría de las clases son cultivos excelentes de alta calidad, pero la variedad solo es aparente. La variedad que todavía existe ahora es infinitamente mayor que la diversidad de casillas que quedará «cuando Monsanto decida qué melón se encontrará en los supermercados, cuál será el sabor del tomate ideal y qué pepino merecerá ser cultivado miles de veces en los invernaderos». Porque el objetivo es que «Monsanto decida lo que comemos… en todo el mundo».[8] No es posible sustituir todos los tipos de tomate existentes por una sola clase. Pero puede reducirse la variedad clasificando los tomates en su totalidad en grupos según sus sabores más importantes. Dentro de cada sabor es luego mucho más fácil producir univocidad, por ejemplo, sustituyendo unas cuantas docenas de tomates más bien dulces por una única clase. La variedad difícil de abarcar es reducida a un número abarcable de casillas exactamente definibles. Y esto, a su vez, permite producir en cada casilla por separado la mayor univocidad posible.

En el caso del hombre, las cosas, por naturaleza, son algo más complejas. Pero también en este caso vemos que la división en casillas no fomenta la variedad. El encasillamiento no tiene un efecto integrador, sino aislante, separador, segregador. Por tanto, apenas conduce a la aceptación, como mucho a la tolerancia. La tolerancia, empero, no solo significa soportar de

8   K. Werner, «Was die Welt isst», *Süddeutsche Zeitung*, 13/14 de abril de 2017, p. 17.

mala gana la existencia de aquello que rechazamos con toda el alma. Si queremos hacer algo más que esto, tenemos que aprender a aceptar lo contradictorio, lo vago, lo plurívoco, lo no clasificable y no aclarable como lo que es normal en la existencia humana; respetarlo, al menos; quizá amarlo, incluso.

SEXUALIDAD

Tampoco en el caso de la sexualidad se ha logrado esto mediante el encasillamiento. Un encasillamiento que comenzó, a finales del siglo XIX, con la clasificación de los seres humanos en homosexuales y heterosexuales, y con la visión de la sexualidad como parte de la identidad de cada persona. Antes se tenía un comportamiento sexual (valorado y, a menudo, condenado), pero a personas que llevaban a cabo determinadas acciones se les atribuía una identidad determinada que las hacía diferenciarse de todas las demás. Antes los seres humanos tenían sexo, pero no sexualidad. Ahora el comportamiento sexual fue visto como síntoma de una identidad sexual. Todos tenían sexualidad, y la tenían siempre, por ser parte de su identidad. Ahora se tenía sexualidad, aunque no se tuvieran relaciones sexuales. Las personas tenían, a partir de ese momento, que clasificarse ellas mismas en las casillas de «homosexualidad» o «heterosexualidad»: si se enamoraban de una persona de su mismo sexo o si querían mantener relaciones sexuales con personas de su mismo sexo, tenían que aceptar una identidad homosexual para aclarar su propio comportamiento y justificarlo ante ellas mismas y ante los demás.

Pero, de este modo, se crearon tantos problemas al menos como los que se solucionaron. Este proceso de hallar la propia identidad aún es penoso para muchas personas. Particularmente funesta resultó la introducción de la binareidad «homo/hetero» en culturas que tradicionalmente no conocían la homofobia. En muchas sociedades islámicas, por ejemplo, el amor entre personas de un mismo sexo era algo obvio, y se miraba para otro lado, mostrando tolerancia a la ambigüedad, cuando eventualmente, en el ámbito privado, había relaciones entre personas del mismo sexo.[9] Pero la noción occidental de homosexualidad obliga hoy a los varones, también en esas sociedades, a definirse como homosexuales (o como no homosexuales). Esto, por otra parte, se contrapone al deseo explícito de contraer matrimonio y tener una familia. Por este motivo, algunos, que quizá fueron los primeros en tener experiencias homoeróticas, ven en los homosexuales un peligro para la sociedad. Se podría, pues, sostener con algún fundamento la tesis de que la concepción de la homosexualidad identitaria ha sido con frecuencia la verdadera causante de la homofobia.

Hoy se han añadido a la pareja binaria homo/hetero otras muchas casillas, de las que la sigla LGTB (o sea, «lesbianas», «gais», «transgénero», «bisexuales») solo es una muestra. No entramos en la cuestión de si esto

9   Sobre homosexualidad e islam, cf. T. Bauer, *Kultur der Ambiguität, op. cit.*, pp. 268-311.

realmente ayuda a las personas. Zülfikar Çetin y Heinz-Jürgen Voß explican a este propósito que «un elemento central del problema es la creación y la definición de identidades claras… y no una parte de su solución. […] Sin una clara identificación se abrirían espacios a las personas, su cercanía y su intimidad serían acordes con la situación y se desarrollarían en intercambio mutuo».

Estos autores recalcan además «que de lo que se trata es de la autodeterminación de las personas en relación con género y sexo, y que esta es impedida por las categorizaciones rígidas y la compulsión a la clasificación». Por lo tanto, no son más exitosos los discursos de liberación simplemente por ordenar a los seres humanos en casillas siempre nuevas y reclamar los mismos derechos para la casilla respectiva:

> La persecución no podrá ser suprimida en lo fundamental en tanto siga habiendo identidades rígidas, porque, cuando se transforman las relaciones de fuerza políticas, puede suceder con facilidad que las regulaciones que pretenden generar tolerancia y aceptación sean suprimidas para una minoría y sustituidas por un trato restrictivo. De forma análoga, hay que considerar problemáticas las medidas legislativas o estadísticas que encuadran a las personas según determinadas adscripciones o características —como, por ejemplo, en sentido racista según la «etnia», o en sentido sexista según la orientación sexual.[10]

10   Z. Çetin y H.-J. Voß, *Schwule Sichtbarkeit – schwule Identität. Kritische Perspektiven*, Gießen, Psychosozial-Verlag 2016, pp. 132-134.

El intento de producir univocidad en un mundo equívoco al menos mediante el expediente de clasificar la variedad del mundo, con la mayor precisión posible, en casillas, dentro de las cuales rige la mayor univocidad posible, consigue desterrar la variedad antes que fomentarla.

9. VINO AUTÉNTICO Y POLÍTICA AUTÉNTICA

Un influyente grupo de personas, podemos leer, «ha renunciado ya al principio de la tolerancia [...] y del respeto de gustos distintos y, con ello, a un aspecto fundamental de la democracia». Quien avisa aquí de una amenaza para la democracia no es un politólogo. Tampoco un crítico de arte que reclame la pluralidad de estilos. Es un crítico de vinos. El autor de estas líneas es Stuart Pigott, el mejor conocedor de los vinos Riesling alemanes, y el fragmento cortado de la cita anterior dice: «hacia estilos de vino diversos».[1] Al parecer, el delirio de autenticidad tampoco se ha detenido ante la cultura del vino. De un lado, están los vinos producidos con modernas y sofisticadas técnicas de vinificación, y que, por tanto, se aproximan todo lo posible al ideal de pureza y complejidad al que aspira el viticultor. Del otro lado, está el movimiento de los vinos «ecológicos», «que se dirige en bloque en sentido contrario, alejándose todo lo posible de la técnica moderna». Es cierto que por esta

1   S. Pigott, «Die Verteufelung der Reinheit», *Fine. Das Magazin für Genuss und Lebensstil* 1 (2017), pp. 30-31.

vía se han producido algunas «vides originales», pero también vinos con «defectos vitícolas clásicos, esto es, que introducen de nuevo la "suciedad del vino"». En el escenario de los vinos ecológicos, «sin embargo, esto se celebra de buena gana como un signo de autenticidad». Si Pigott denuncia aquí la «demonización de la pureza» —como apunta el título de su ensayo—, no se está refiriendo a esa pureza que hemos descrito como característica del fundamentalismo intolerante con la ambigüedad. Se trata, más bien, de la coincidencia del producto con las ideas del productor, que, si es un buen viticultor, quiere tener vinos distintos de gran complejidad. La pureza del vino, así pues, se corresponde, por ejemplo, con la perfección de la obra de arte; un concepto, no obstante, que solo tiene sentido mientras la obra de arte sea concebida como obra y no solo como una oferta comunicativa «auténtica». El delirio de autenticidad afecta, pues, en la misma medida al vino y al arte.

Pero, en lugar de extender aún más estas reflexiones a otros ámbitos vitales, hemos de abordar de nuevo brevemente la política. El extremo de la indiferencia está formado aquí, simple y llanamente, por el desinterés, como se pone de manifiesto cada día que pasa en la baja participación electoral. Cuando votantes potenciales dicen no mostrar interés por el eterno vaivén de la política, es esto una clara confesión de la no aceptación de la ambigüedad a través de la indiferencia. Hemos hablado ya de la huida de la ambigüedad mediante la búsqueda fundamentalista de univocidad. Que tampoco el fundamentalismo favorece la democracia es palmario. Pero ¿puede suceder, como sugiere Pigott, que la democracia se vea amenazada también por aquella otra estrategia de evitación de la ambigüedad que intenta producir univocidad por medio de autenticidad; por aquel virus de la autenticidad que ha infectado la política no menos que el vino o el arte?

Cuando, en enero de 2017, un Partido Socialdemócrata en crisis nombró a Martin Schulz candidato a canciller, los buenos resultados en las encuestas y el número de militantes del partido aumentaron con sorprendente rapidez. Y cuando en las encuestas callejeras se preguntaba a los viandantes qué era lo que tanto apreciaban en Schulz, se repetía una y otra vez la misma palabra: «autenticidad». Ahora bien, Schulz es un político a quien sin duda hay que conceder su honradez, su cercanía a la gente y su experiencia vital. Asimismo, no cabe la menor duda de que es un demócrata cabal. Pero que de verdad sea un cumplido que a uno lo valoren como «auténtico» parece cuestionable. Porque, en enero de 2017, también Donald Trump fue investido presidente de Estados Unidos. Y cuando se preguntaba a sus votantes por las razones que los movieron a votarle, también ellos mencionaban su *authenticity* como el motivo más importante de su decisión.

Pero ¿son congeniales autenticidad y democracia? En puridad, los políticos no pueden ser auténticos en democracia. Tienen que adquirir compromisos, y, en interés del bien común o del partido, defender posiciones que íntimamente no comparten, mostrarse diplomáticos y decir y hacer cosas que no dirían o harían fuera de su papel como políticos.

Ninguna democracia puede prescindir de un grado relativamente elevado de tolerancia a la ambigüedad. Las decisiones adoptadas democráticamente no pretenden ser la verdad única, sino tan solo una solución que sea probablemente la mejor, y esto tampoco para toda la eternidad, sino solo mientras no se adopte otra decisión (no son, por tanto, decisiones «sin alternativa», una expresión que, en 2011, fue elegida en Alemania como «peor palabra del año»). Siempre es pensable más de una solución, y para nada está dicho que la decisión tomada sea la mejor, sobre todo porque muchas decisiones están influidas por consideraciones ajenas al asunto, como el tacticismo político o el cabildeo. El tacticismo partidista con seguridad no es auténtico y, en esa medida, es impopular, pero es indispensable para la supervivencia de una democracia de partidos. Una contradicción como esta, como sucede siempre en los fenómenos ambiguos, puede ser domeñada o limitada, pero no es posible eliminarla. Las decisiones democráticas no pueden reclamar para sí verdad, pureza y validez intemporal. Así pues, ¿no podría suceder que precisamente la aversión a soportar la equivocidad y el deseo de ser gobernado «auténticamente» contribuyesen a la erosión de la democracia en Europa y en otras partes? Ejemplos de esta tesis son la Gran Bretaña del Brexit, Hungría, Polonia y el ascenso de los partidos populistas en otros países.

Pero ¿cómo puede una democracia ser conformada por políticos auténticos si los propios votantes quieren, ellos también, ser auténticos? ¿Qué ocurre cuando la autenticidad de un político no coincide con las auténticas expectativas de sus votantes? Y esto debería ser el caso normal más que el excepcional. En rigor, al votante auténtico no le quedaría más alternativa que o dar completamente la espalda a la política o congratularse por un (supuestamente) auténtico político con la misma ligereza con la que se emociona por una obra de arte incomprensible de un artista auténtico. Y, del mismo modo que de una obra de arte así no sale ningún arte, tampoco de la política del político auténtico sale una política eficaz. En ambos casos, es solo del mercado y de su virtud disolvente de la ambigüedad de donde aparentemente se espera la salvación. Pero tampoco el mercado es capaz de resolver los conflictos cuando las democracias se desgastan atrapadas entre la indiferencia inducida por la autenticidad y el afán fundamentalista de univocidad.

Así y todo, no deja de ser llamativo que, tanto después de procesos electorales y votaciones democráticos como tras cambios violentos antidemocráticos, en muchos países se oiga una y otra vez que los acontecimientos habrían mostrado que se trataba de un «país profundamente dividido», ya sea Estados Unidos o Venezuela, Egipto o Turquía, Francia o Gran Bretaña. Pero una división semejante no puede ser suprimida ni por la glorificación de la autenticidad, ni por la fijación identitaria, como tampoco por la obcecación fundamentalista en la verdad. Sin la aceptación de la necesaria, aunque molesta, discrepancia entre los propios deseos, ideales y convicciones, por un lado, y las exigencias del mundo que nos rodea y de la convivencia con los demás, por otro, en suma: sin tolerancia de la ambigüedad, esta división nunca podrá ser vencida, sino que se ahondará cada vez más.

Suponiendo que el capitalismo depende del consumidor auténtico, pero que autenticidad y democracia malamente pueden conciliarse entre sí: ¿son entonces capitalismo y democracia duraderamente conciliables?

10. EN POS DEL HOMBRE MÁQUINA

Pintan mal las cosas para la diversidad. Disminuye tanto en la naturaleza como en la cultura. Solo el variopinto mundo del consumo nos provee todavía de una fachada de diversidad; eso sí, la de una diversidad aparente, detrás de la cual se esconde una monotonía eternamente igual de estímulos baratos rápidamente consumibles por ojos, oídos y paladar. ¿Tienen mejor pinta las cosas en el ámbito de la ciencia? El teórico de la literatura Jürgen Wertheimer reconoce un nuevo

> choque de culturas que —a escala mundial e indepen
> dientemente de religiones o de sistemas distintos— se
> ha puesto en marcha desde hace ya algún tiempo: el
> choque entre el pensamiento monológico estrecho y
> centrado en la univocidad, por un lado, y un modo de
> vida y de pensar, por otro, que se expone a la diversi-
> dad, la ambivalencia y la multiplicidad de las interpre-
> taciones de la realidad. Espero que la Universidad sepa
> de qué lado está, ¡de qué lado tiene que estar![1]

1   J. Wertheimer, «Langeweile-Legebatterie», *Forschung & Lehre* 6 (2017), p. 481.

Como causas de esta univocación del mundo puede identificarse una serie de factores externos. Es indudable que la burocratización y la tecnificación están dirigidas a la univocidad. Más importantes aún son seguramente nuestra estructura social capitalista y los fenómenos que se siguen de ella, como el consumo y la globalización. Pero todos estos desarrollos no han caído del cielo ni son un destino ineluctable por principio. Sucede, al contrario, que cultivamos más que nunca estrategias de desambiguación. A diferencia de épocas anteriores, las estrategias de univocación organizadas y aplicadas por los poderosos desempeñan hoy un papel menor que los afanes de univocidad que parten de los propios individuos. Es evidente que muchos contemporáneos ven precisamente en una univocación más fuerte una oportunidad o una promesa. Quieren vivir en un mundo más inequívoco y actúan en consecuencia. Le pasa al ser humano con la univocación del mundo algo parecido a lo que le pasó al pescador de Goethe con la «mujer mojada»: «A medias ella tiraba de él, a medias él se hundía». Pues ¿qué obliga a los padres, en sociedades relativamente acomodadas, a emplear la más que dudosa estrategia de formar a sus hijos, ya desde la más temprana edad, para ser piezas bien engrasadas del sistema de aprovechamiento capitalista, en lugar de dejar que jueguen, pinten y hagan música libremente?

En sociedades en las que existe la tendencia a percibir la ambigüedad como algo incómodo, las personas que se sienten a disgusto cuando se ven confrontadas con situaciones ambivalentes, se inclinarán más bien a aceptar propuestas para evitar la ambigüedad y, si logran eludir exitosamente la equivocidad, aspirarán a una mayor producción de univocidades. Un síntoma de esto es el delirio, hoy día general, por explicar y comprender. Todo ha de ser explicado, todo ha de ser entendido, y si algo no se comprende, entonces no vale nada. En el teatro, por ejemplo, que es propiamente un refugio de ambigüedad, esta tarea es asumida por el director, que quiere enseñar al público (no siempre con éxito) lo que a su modo de ver significan la obra de teatro o la ópera, por qué tal pieza encaja en nuestra época y qué mensaje debe darnos a las gentes de hoy.

En el arte, este procedimiento hasta es obligatorio, porque hace posible traducir una ambigüedad, inexistente por insignificancia, a otra ambigüedad, también inexistente, en forma de univocidad. Así, por poner un ejemplo, un sendero a campo través en principio no significa nada (o todo) [2] Pero el artista explica que con ello ha querido decir que las personas no siempre siguen los caminos trillados, sino que deben atreverse a veces a hacer algo excepcional. Así, con una frase, una obra que no significa nada se convierte en algo unívoco (y bastante trivial). Insignificancia y univocidad están estrechamente emparentadas. Es fácil convertir una en otra, pero no despejan el camino hacia una multiplicidad de significados ni llevan a un espacio de interpretación que pueda estructurarse de manera sensata.

2   Cf. P. Althamer, «Proyectos Escultura Münster 07», Colonia, 2007.

Muchas personas a las que siempre se les explica todo y a quienes se les hace creer en un mundo sin misterios, sin cosas inexplicables e hipercomplejas, acaban creyendo ellas mismas que lo entienden todo. Por eso se tiene siempre y para todo una opinión. Tener una opinión es algo que prácticamente se supone. Cuando una vez, de improviso, me vi metido en una encuesta, el entrevistador reaccionó disgustado cuando le expliqué que no tenía opinión sobre el diagnóstico genético preimplantacional porque nunca había pensado seriamente al respecto y porque, en cualquier caso, no me afectaba. Pero al menos tendría que tener una opinión, insistía él.

Puesto que todos tienen una opinión acerca de todo, crece la desconfianza hacia la ciencia. ¿Para qué se necesitan verdaderos expertos si uno por sí mismo ya lo ve todo claro? ¿Para qué, por ejemplo, los islamólogos profesionales si toda la población está formada por expertos en el islam? A los debates televisivos, de todos modos, apenas se invita ya a científicos porque no hacen más que complicarlo todo y, a veces, hasta emplean oscuros extranjerismos que hay que explicar, de manera que todos puedan entenderlo todo enseguida. Mi venganza personal por este desbordamiento de falsos expertos consiste en mutar, con ocasión de un mundial de fútbol, igual que todo quisque, en experto futbolístico y en fastidiar a los demás expertos en fútbol con mis comentarios particularmente ignorantes, pero inequívocos, sobre un evento deportivo del que no entiendo mucho.

El impulso a evitar la pluralidad significativa no es absoluto ni tiene la misma fuerza en todas partes. En la base de la intolerancia a la ambigüedad parece actuar también un mecanismo que se refuerza a sí mismo. Cuantos más ofrecimientos de evitación de la ambigüedad están a disposición, y cuanto más atractivo parece evitar la equivocidad, con tanta mayor intensidad se entregan todos al ansia de univocidad. La consecuencia de una intolerancia más fuerte a la ambigüedad en una sociedad no es únicamente que la ambigüedad se evite en general con más ahínco: también es menos frecuente la creación de obras ricas en ambigüedad. En cambio, personas con una elevada tolerancia a la ambigüedad no solo andan menos empeñadas en evitarla, sino que incluso la buscan y la disfrutan, siendo productores conscientes y divertidos de ambigüedades.[3] Así, el florecimiento de la lírica, cuando se compone y se lee poemas en abundancia, a menudo ricos en dobles lecturas, puede entenderse como un claro signo de aumento de la tolerancia a la ambigüedad. Sin embargo, entre nosotros hay otro género que con diferencia domina la literatura: la novela negra. El objeto de una novela policíaca, empero, no es la producción de ambigüedad, sino, en la mayoría de los casos, su resolución. Hay al comienzo una situa-

3   Sobre el goce en la producción de ambigüedad, cf. A.P. Mac-Donald Jr., «Revised Scale for Ambiguity Tolerance. Reliability and Validity», *Psychological Reports* 26 (1970), pp. 791-798, y S. Budner, «Intolerance of Ambiguity as a Personality Variable», *Journal of Personality* 30 (1962), pp. 29-50; cf. también T. Bauer, *Kultur der Ambiguität*, *op. cit.*, pp. 249 ss.

ción ambigua (por ejemplo, ¿quién es el asesino?) que, en el curso de la novela, es resuelta de forma inequívoca. Se ha intentado escribir novela negra en la que esto no sucede, pero ha triunfado muy pocas veces.

A todas luces, resolver una ambigüedad nos parece hoy día más relajante que producirla. Nuestros programas de televisión consisten casi exclusivamente en formatos carentes de ambigüedad (noticias, deportes, bolsa, *reality shows*) o que muestran cómo se elimina la ambigüedad (series policíacas, programas concurso). La novela negra de calidad supone sin duda un enriquecimiento. Lo que, una vez más, resulta sospechoso es la parasitaria proliferación del género. Por otra parte, las tertulias que llenan el tiempo de emisión restante, o bien hacen entrechocar posturas contrarias, siempre inequívocas, sin que ninguno de los participantes tenga que moverse un ápice de su posición, o bien dan pie a que personajes famosos, a menudo de una ignorancia pasmosa, hagan alarde de autenticidad. La contextualización compleja de las cuestiones, la revisión crítica de conceptos empleados a la ligera o la cuidadosa ponderación de los pros y los contras solo arruinarían la diversión.

En las páginas precedentes hemos expuesto estrategias distintas de combatir la ambigüedad. Una consiste en imponer univocidad hacia fuera. La univocidad es entonces resultado de la estrategia. Otra estrategia, la de la autenticidad, estriba en producir univocidad con el sujeto. Una ideología totalitaria exige que todo sea exactamente como se lo representa la ideología. En el discurso de la autenticidad, todo está bien cuando es tal y como me lo represento. Univocidad y autenticidad son contradictorias solo en apariencia. Son solo las dos caras de una misma moneda. Ninguna de las dos posiciones deja sitio para la pluralidad de sentidos, pero ambas son ampliamente aceptadas. Son solo unos pocos los que, al parecer, padecen esta univocación del mundo; es más, muchos prácticamente dan la impresión de añorar un proceso aún más fuerte en pos de la univocidad. Atrevámonos, como juego de ideas, a preguntar cómo se lograría esto.

La ambigüedad y la vaguedad, según hemos visto, no se pueden suprimir nunca por completo. Sucede más bien que el intento de destruir la ambigüedad solo conduce, por regla general, a más ambigüedad. La tolerancia a la ambigüedad puede existir en mayor o menor grado, pero no es posible vivir prescindiendo del todo de la ambigüedad. Ahora bien, si la ambigüedad pertenece a la *conditio humana*, solo podrá ser completamente prescindible cuando desaparezca la misma *humanitas*. Un proceso de deshumanización así es lo que el psicoanalista y sociólogo Alfred Lorenzer ya comprobó en 1981 al considerar la moderna construcción de las ciudades, pues «la exclusión de las expectativas de vivencia humana de la actual imagen de nuestras ciudades solo es una pequeña parte, aunque bien perceptible, del abarcador proceso de deshumanización del mundo de la vida».[4]

Mientras que para Lorenzer, y probablemente para la mayoría, la deshumanización representa un esce-

4   A. Lorenzer, *Das Konzil der Buchhalter, op. cit.*, p. 19

nario terrorífico, hay utopistas que ya sueñan con un transhumanismo o un poshumanismo en el que hombres máquina llevarán una vida completamente exenta de ambigüedad… si es que a una existencia así se la quiere seguir llamando vida. Los rápidos progresos en el desarrollo de la inteligencia artificial apuntan claramente en esa dirección. Automóviles que leyeran en nuestra expresión facial y en otros biodatos nuestro estado de ánimo, nuestro estado de lucidez o nuestras necesidades, pronto podrían asumir por nosotros todas nuestras decisiones. Una nueva tecnología de este tipo «debe compensar nuestras insuficiencias y pilotarnos sin peligro por el mejor de todos los mundos». La inteligencia artificial se encamina «paso a paso a *dirigir la toma de decisiones humana*»,[5] como afirma el filósofo Éric Sadin. Cada vez que hay que decidir, estamos ante una situación de ambigüedad, porque se puede decidir en un sentido o en otro. De ahí que toda decisión sea también un proceso de desambiguación. De este proceso al menos podrían exonerarnos pronto las máquinas. Para Sadin esto significa que el ser humano ocupa una nueva posición en un doble sentido. Primero, «en sentido ontológico», pues ya no se podrá considerar al hombre «el único ser dotado de la facultad de juzgar», sino que será «desbancado por una nueva instancia de verdad, que se entenderá como superior a él». Segundo, «antropológicamente», el ser humano será dejado al margen, pues ya no será

5   E. Sadin, «Das geht zu weit!», *Die Zeit* 24 (7 de junio de 2017), p. 8.

él quien, «con ayuda de su espíritu, de sus sentidos y de su saber, ejerza el poder configurador, sino que lo ejercerá un poder interpretativo y decisorio, considerado más eficiente, que habrá de excluir al hombre de ámbitos vitales cada vez más amplios, y, de forma señalada, de la vida del trabajo».[6]

La hostilidad del capitalismo a la ambigüedad saldría así triunfante:

> Con velocidad exponencialmente creciente destruye el espíritu de Silicon Valley, que solo obedece a intereses privados, los principios fundamentales del humanismo europeo y su convicción del conocimiento autónomo y de la libre decisión, así como las conclusiones derivadas de estas máximas: el principio de responsabilidad y el derecho de las sociedades a decidir en común sobre su destino.[7]

Cuando sean las máquinas las que decidan la verdad, se podrá, libres al fin de ambigüedad, vegetar sumidos en la indiferencia.

Incluso uno mismo podría convertirse en máquina, al menos en parte. La fusión de hombre y máquina para formar un único ser en el cíborg es actualmente promovida por Neuralink, una de las múltiples empresas de Elon Musk, que explora posibilidades de combinación del cerebro humano con el ordenador. Por ahora, supuestamente se trata, sobre

6 *Ibid.*
7 *Ibid.*

todo, de ayudar a discapacitados, pero «ya en ocho o diez años, la combinación de cerebros y ordenadores de Neuralink deberá estar a disposición de personas completamente sanas».[8] Porque el temor de Musk es que, de lo contrario, la inteligencia artificial nos supere. Precisamente por ese motivo no deberíamos «desarrollar demasiado pronto una superinteligencia digital, en tanto no estemos en condiciones de construir una interfaz cerebro/ordenador». Así pues, el hombre máquina debe salvarnos del triunfo de la pura máquina.

En Europa, el transhumanismo no encuentra partidarios con la misma celeridad que en Silicon Valley, pero los desvelos por progresar hacia el hombre máquina tampoco pueden ser pasados por alto entre nosotros. La visión de personas que, conectadas con tapones en los oídos, miran fijamente a una pantalla mientras corren por ahí, ya hace tiempo que se volvió cotidiana. La búsqueda de pareja mediante aplicaciones de citas se beneficia de algoritmos altamente perfeccionados que han de ahorrarnos encuentros potencialmente demasiado ambiguos. Y pertrechados con un equipo de realidad virtual, podemos sumergirnos en un mundo libre de ambigüedad.

Todo aquel a quien esto le resulte ahora todavía demasiado inauténtico, puede servirse de otro aparato, el *fitness tracker* (o monitor de ejercicio). De hecho,

8   «Neuralink. Elon Musk erklärt die ambitionierten Ziele seines neuen Startups». http://t3n.de/news/neuralink-elon-musk-gehirn-telepathie-816843.

«más de un treinta y uno por ciento de los alemanes poseen ya un monitor digital». En 2014, solo en Alemania, «se vendieron 3,6 millones de unidades».[9] Semejante aparato, naturalmente, es también un milagro de univocación en todos los sentidos. Por lo pronto, traduce el propio cuerpo en números, o sea, en datos absolutamente unívocos. Se considera que estos datos son especialmente buenos si, en el ejercicio de optimización de sí mismo, uno se ha movido y ha sudado todo lo que ha podido. Pero sudar, de alguna manera, también es auténtico. De este modo, se juntan todos los discursos de univocación. Acaso sea esta la gran utopía de nuestro tiempo. el ideal representado por el hombre máquina sudado, auténtico y libre de ambigüedad que, una vez alcanzada la optimización de sí mismo, funciona con plena efectividad en el proceso de aprovechamiento capitalista.

Pero un mundo en el que se hubiera realizado la utopía del hombre máquina libre de ambigüedad, ¿es un mundo en el que valdría la pena vivir? ¿Podría ser gobernado democráticamente? ¿Podrían los seres humanos desarrollarse en él en su personalidad diferente, e incluso idiosincrásica (en el caso de que siguiera habiendo algo así como personalidad)? ¿Habría aún belleza y existiría la capacidad de experimentarla? Y suponiendo que no fuera así: ¿querríamos vivir en un mundo semejante? Y si es que no: ¿qué hacer para oponerse a semejante desarrollo?

9   K.B. Becker, «Mein besseres Ich; Auf Schritt und Tritt», *Süddeutsche Zeitung*, 7 de abril de 2017, p. 35.

La intolerancia a la ambigüedad forma parte de una mentalidad, y con las mentalidades no sucede como con los oradores, que con su discurso quisieran persuadir «de un tirón» a todo el mundo; las mentalidades no se pueden cambiar con medidas simples ni mucho menos a corto plazo. También la derrota del capitalismo, por el momento, se hará esperar.

Con todo, aún pudiera ser posible, al menos, frenar el proceso de destrucción del significado ya sea a manos de la univocación fundamentalista, ya de la indiferencia negadora de significación. Para esto, hay que restituir primero su propio valor al arte, la religión, la ciencia, la política y la naturaleza, en vez de reducirlas a la tentadora univocidad de su valor de mercado, que las termina condenando a la completa insignificancia. Lo cual solo puede suceder si se les otorga seriedad y respeto: respeto a la naturaleza, a los semejantes de procedencia, religión, inclinación y capacidad distintas, a la creatividad artística, a la aspiración científica al conocimiento y al compromiso político y social. Solo cuando estos campos sean cultivados con seriedad, podrá fructificar un mundo de diversidad significativa, un mundo en el que la ambigüedad sea sentida como enriquecimiento y no como defecto.[10]

Con este fin, podríamos aprender de las sociedades premodernas, en las que, durante largos periodos, reinaba una mentalidad muy tolerante con la ambigüedad. Ahí la ambigüedad no solo era apreciada y

10   Sobre el entrenamiento en la ambigüedad, cf. T. Bauer, *Kultur der Ambiguität, op. cit.*, pp. 253-267.

cultivada, sino ensayada en toda regla, como una especie de constante «entrenamiento en la ambigüedad». Los campos de ejercitación predilectos son aquellos ámbitos que tradicionalmente se distinguen por una importante producción de ambigüedad, o sea, el arte, la música, la literatura y otros similares. Los historiadores del arte Christian Saehrendt y Steen T. Kittl, en este sentido, recomiendan un arte que ayude a formar

> lo que los psicólogos llaman «tolerancia a la ambigüedad»: la capacidad de soportar interpretaciones diversas, contradicciones insolubles e incertidumbres, no sólo en los demás sino también en uno mismo. El arte nos ayuda a desarrollar un cultivo de la sensibilidad más avezado en contrastes y matices.[11]

Esto, evidentemente, solo se aplica al arte, la música y la literatura que no son producto ni de la univocidad fundamentalista ni del capricho posmoderno. No todos los problemas pueden ser resueltos con la frescura de la cultura pop.

En el hombre máquina se cumplen todas las utopías del fundamentalismo basadas en la intolerancia a la ambigüedad: la obsesión por la verdad, porque impera una instancia sobrehumana de verdad; la negación de la historia, porque el nuevo mundo maquinista reemplaza por completo al antiguo mundo de confusión, y la aspiración a la pureza, porque ya no

11   C. Saehrendt y S. T. Kittl, *Ist das Kunst oder kann das weg?, op. cit.*, pp. 232 s.

hay dudas ni indecisiones que obstaculicen la marcha de una maquinaria perfectamente engrasada. A quien esto no se le antoje como una atractiva perspectiva de futuro, tendrá que buscar un contraveneno que incremente las ganas de ambigüedad. Más eficaces que el arte del «mira lo que se me ha ocurrido» podrían ser un arte, una literatura y una música que reconozcan un valor de por sí al proceso creativo humano, y que se afanen por extender los límites de la capacidad formativa del ser humano, también de sus facultades artesanales y estéticas. Solo de este modo cabría fomentar una actitud receptiva que disponga de un intervalo de atención de más de once segundos. Un arte significativo en el espacio público (y no únicamente en el museo); la creación de lugares bonitos para el trato social en nuestras ciudades; la enseñanza del arte, de la música y de los instrumentos en todos los cursos (asignaturas hoy relegadas en el currículo escolar); la ocupación con una literatura abierta a asociaciones variadas, o una formación en ciencias naturales que transmita la belleza, la variedad y la vulnerabilidad de nuestra naturaleza: todas estas podrían ser medidas de primeros auxilios para actuar en contra de la univocación de nuestro mundo. Valdrían la pena.